Rudolf und Karin Schwarz

Das Indianer-Prinzip

Der neue Trend in Beziehungen

mvg verlag

Die Deutsche Bibliothek – CIP-Einheitsaufnahme

Schwarz, Rudolf:
Das Indianer-Prinzip : der neue Trend in Beziehungen / Rudolf und Karin Schwarz. – München ; Landsberg am Lech : mvg-verl., 1993
(mvg-Paperbacks ; 478)
ISBN 3-478-08478-4
NE: Schwarz, Karin:; GT

Das Papier dieses Taschenbuchs wird möglichst umweltschonend hergestellt und enthält keine optischen Aufheller.

Veröffentlicht mit freundlicher Genehmigung des Ariston Verlages, Genf, in der Taschenbuchreihe des mvg-verlags im verlag moderne industrie AG, München/Landsberg am Lech

Umschlaggestaltung: Gruber & König, Augsburg
Druck- und Bindearbeiten: Presse-Druck Augsburg
Printed in Germany 080 478/893602
ISBN 3-478-08478-4

Inhalt

Meine Damen und Herren! Seid ihr alle wahnsinnig geworden?

Wie geht ihr denn miteinander um?

Die Diskussion über die Unterschiede zwischen den beiden Geschlechtern hat bedenkliche Ausmaße angenommen und ein gefährliches Stadium erreicht.

Über dieses Thema kann man überhaupt nichts mehr sagen, ohne daß sich Frauen und Männer in Null Komma nichts zu Kontrahenten entwickeln. Unbedachte Bemerkungen sind schnell provoziert, und sofort fliegen die Fetzen. Im Fernsehen werden uns diese Feindbilder besonders farbig vorgeführt. Machen Sie sich doch einmal den Spaß und schauen Sie sich eine Diskussion zu dem unseligen Thema der Gleichberechtigung an. Oder noch besser: Versuchen Sie, ins Studio zu kommen, warten Sie im Hintergrund einer solchen Diskussionsrunde, bis sie sich aufgeheizt hat, und machen dann einen Zwischenruf. Sie werden Ihr Vergnügen daran haben, wie die alle ausflippen. Da können Sie gleich einen Bienenstock aufscheuchen.

Nach eventuellen Gemeinsamkeiten wird schon gar nicht mehr gesucht, geschweige denn überlegt, wie man die Unterschiede – die es ja zweifellos gibt – überwinden könnte. Von Diskriminierung ist die Rede, von Ausbeutung, Überlegenheit und Arroganz. Vorurteile werden aufgemotzt und biologische, psychologische und soziologische Unterscheidungsmerkmale dazu benutzt, Trennmauern zu bauen und die auch möglichst fest zu betonieren – damit ja keiner auf die Idee käme, die könnte man in absehbarer Zeit einreißen.

In dieser gestörten Vorstellung gibt es offenbar nur noch Schlagwortmenschen: Feministinnen, Emanzen, Machos, Paschas, Softies – und neuerdings auch wieder die ganz alten

Androgynen. Wer immer sich mit diesem Thema beschäftigt, landet gnadenlos in einer dieser Schubladen. Mit einem Schild vorne drauf: Für Andersdenkende Zutritt verboten! Aber das Denken können sie zum Glück noch nicht deuten, wenn man sich nicht auch sonst auffällig verhält.

Sie spionieren einander nämlich mit Geierblicken aus, und jede unwillkürliche Geste oder Bewegung kriegt ihren körpersprachlichen Stempel. Die mittlerweile zum gebrauchsfertigen Allgemeingut gewordene Psychologie gibt jedem einen stabilen Schürhaken in die Hand, damit er ja tief im Feuerchen wühlen und schüren kann.

Frauen dürfen Männer nicht anschauen, das könnte als sexuelle Aufforderung mißverstanden werden.

Männer dürfen Frauen nicht die Hand tätscheln. Diese »nonverbale Kommunikation« sei bereits eine »vertikale Strukturierung« und deshalb schon wieder ein Versuch der Unterdrückung.

Zu einer eigentlich gar nicht feministischen Psychologin habe ich (der männliche Teil des Autorengespanns) einmal – höflich und nett war's gemeint – »liebe Frau Sowieso« gesagt.

Ohohoh – war das ein Fehler!

»In der Literatur über Sprachforschung dient so ein Adjektiv dem Ausbau von Hierarchien« wurde ich flugs von ihr belehrt, und ich hoffe heute noch, daß das flimmernde Lächeln in ihren Augen nur ein Zeichen des Ärgers war über meinen Ausrutscher.

Ja, seid ihr denn alle wahnsinnig geworden? Seid ihr denn vollkommen übergeschnappt?

Eine Frau ist eine Frau, und ein Mann ist ein Mann (wieder nur alphabetische Reihenfolge). Und dabei, bitte schön, muß es auch bleiben.

Zum Glück gibt's die gegenseitige Anziehungskraft. Schauen Sie sich doch einmal auf der Straße um, wie Männer und Frauen einander ansehen. Richtige Blickfunkfeuer blitzen da hin und her.

Das System ist nur etwas verbesserungsbedürftig.

Vamos, andiamo, gemma!

MILAN KUNDERA schrieb 1984 in seinem wunderschönen Buch *»Die unerträgliche Leichtigkeit des Seins«:* »Frau sein ist für Sabina ein Schicksal, das sie sich nicht ausgesucht hat. Was man nicht selbst gewählt hat, kann nicht als Verdienst oder als Versagen verbucht werden. Sabina ist der Meinung, man müsse zum Schicksal, das einem beschieden ist, ein gutes Verhältnis haben. Sich gegen die Tatsache aufzulehnen, als Frau geboren zu sein, kommt ihr ebenso töricht vor wie sich etwas darauf einzubilden.«

Ersetzen Sie das Wort »Frau« durch »Mann« und den weiblichen Vornamen »Sabina« durch irgendeinen männlichen.

So bekommen Sie erst einmal zu Ihrem eigenen Schicksal ein gutes Verhältnis.

Damit haben Sie den Anfängerkurs auch schon erfolgreich absolviert.

Und nun für Fortgeschrittene: Wir werden jetzt ein Feindbild aufweichen und einen Graben zuschütten, damit wir auf dieser Grenzlinie möglichst naher Gemeinsamkeiten ein Ziel erreichen, das Glück und Zufriedenheit heißt.

Dieser Kurs dauert etwas länger.

Aber das Ziel ist in Sicht, der Weg relativ kurz. Und sehr gut ausgeschildert.

Also?

Vamos, andiamo, gemma!

Das Indianerprinzip

In einer stillen Seitenstraße im Hamburger Elbvorort Nienstedten wird eine Frau durch Gepolter im Haus wach. Sie geht ins Erdgeschoß hinunter und sieht, wie zwei vermummte Gestalten ihren Mann in der Küche an einen Stuhl fesseln und mit einem Messer bedrohen.

Allein durch Reden gelingt es ihr, die Einbrecher mit vierhundert Mark in bar und einem Scheck zum Gehen zu bringen.

Kaum hat sie ihren Mann losgebunden, reißt er wie von Sinnen ein Messer aus der Tischlade und will den beiden nach. Seine Frau kann ihn nur mit Müh und Not zurückhalten und das Schlimmste verhindern.

Auf einer Wiener Einfallstraße steht ein Mann mit seinem Auto als erster an einer ampelgeregelten Kreuzung. Seine beiden kleinen Kinder blödeln auf den Rücksitzen herum. Fast Stoßstange an Stoßstange hinter ihm vier, fünf weitere Autos.

Plötzlich hört er hinter sich ein ungeheures Krachen – ein Auto war mit vollem Tempo auf die Kolonne aufgefahren. Im Rückspiegel sieht er, wie die Autos hinter ihm aufeinander geworfen werden und sich ineinander verkeilen. Ehe das Auto hinter ihm auf ihn zufliegt, drückt er den Gang hinein, gibt Vollgas und läßt seinen Wagen mit einem Satz davonspringen. Zum Glück ist die Kreuzung vor ihm frei.

Auf einer Eisentraverse siebzig Meter hoch über New York steht in schwindelnder Höhe ein Mann und trinkt mit zurückgebeugtem Kopf aus einer Flasche. Jedem, der ihm dabei zusieht, wird regelrecht schlecht. Die Baugesellschaft braucht Leute wie ihn für die kritischen Arbeiten. Er ist absolut schwindelfrei.

Das kann nur ein bestimmter Menschentyp sein. Er muß zum Stamm der Navajos gehören.

Die Frau aus Hamburg, der Mann aus Wien und der Navajo aus New York haben eines gemeinsam: Jetzt und hier sind sie die Spezialisten, ohne die man nicht auskommt.

Der Navajo ist Indianer.

Es wäre ein Glück, wenn jeder immer nur das täte, wovon er etwas versteht und was er wirklich kann.

Das ist das *Indianerprinzip*.

Der »Indianer« hört alles, der Indianer sieht alles, der Indianer weiß alles, der Indianer kann alles – und ehe Sie merken, daß er kommt, ist er schon da.

Die Indianer waren keine Männergesellschaft, das haben Wissenschaftler längst zurechtgerückt. So etwas haben uns nur die Filme weisgemacht und die Abenteuerromane. Und wenn's in die Geschichte ging, dann war immer nur die Rede von den legendären Häuptlingen wie dem Chiricahua-Apachen GERONIMO, den Hungpapa-Sioux SITTING BULL und GALL, dem Oglalla-Sioux CRAZY HORSE, dem Wampanoag METACOMET, den die Engländer wegen seiner kühl kalkulierenden Intelligenz »King Philip« nannten und von dem der verbitterte, später immer wieder auf Indianer umgemünzte Satz überliefert ist: »Nur ein toter Weißer ist ein guter Weißer ...«

Von Frauen war wenig zu hören. Und schon gar nicht von der Gleichberechtigung der Geschlechter, die sich nämlich ganz von selbst ergab, weil jeder – Frauen wie Männer – aufgrund seiner besonderen Fähigkeiten und Erfahrungen sein ganz bestimmtes Aufgabengebiet hatte. Ohne diese funktionierende Partnerschaft wären ganze Indianerstämme schon viel früher zugrunde gegangen.

Aber es gab auch Frauen, die Indianergeschichte machten. Da war MILLY HADO, die Tochter eines Seminolen-Häuptlings, die einen von ihrem Stamm gefangenen Amerikaner vor ihrem Vater rettete, indem sie ihr eigenes Leben als Opfer anbot. Der Vater ließ den Amerikaner am Leben und verkaufte ihn als Sklaven an die Spanier. Wochen später nahmen Regierungstruppen Milly und ihren Vater gefangen. Der gerettete Amerikaner war unter ihnen, bewahrte den Häuptling vor der Festungshaft und heiratete Milly.

Da war der Nipmus-Häuptling NANEPASHEMET, der 1619 in Massachusetts (indianisch: »am großen Hügel«) getötet wurde. Der Stamm bestimmte, daß seine Frau die Häuptlingswürde übernehmen sollte.

Da war QUEEN ANNE, die 1675 – ebenfalls nach dem Tod

ihres Mannes, TOTOPOTOMOI – Häuptling der Pamunkey-Indianer wurde. Da waren die Frauen der Bonitos-Pueblo-Indianer, die die fünf- bis sechsstöckigen Siedlungsanlagen bauten, weil sie einfach die besseren »Maurer« waren.

Auch bei den Blackfoot-Indianern waren die Frauen wegen ihrer besonderen handwerklichen Fähigkeiten für das Errichten des Hauptlagers, für Zelt- und Lagerordnung zuständig. Da war POCAHONTAS, die Tochter von WAHUNSONACOCK, des Häuptlings der Powhatan, die 1613 von den Engländern als Geisel entführt wurde, um den Vater und seine Stämme zu zwingen, Frieden zu halten.

Und da ist heute WILMA MANKILLER aus Oklahoma, Jahrgang 1946, aus dem Hotahyonhne, dem Wolf-Clan der Cherokee-Indianer. Sie ist der »Principal Chief of the Cherokee Nation« – jenes einst großen Appalachen-Bergvolkes des Südostens, das vor der Entdeckung Amerikas die dominierende Indianernation dieser Region war – ähnlich stark wie ihre Irokesen-Brudernationen im Nordosten.

Bei den Cherokees haben Frauen immer schon eine besondere Stellung eingenommen. Sie waren bei den Powows an den Lagerfeuern nicht nur stimmberechtigt, sie wirkten sogar im Kriegsrat mit und dominierten im rechtlichen Bereich. Sie entschieden über Geburten und Ehescheidungen. Sie waren neben den Männern gleichberechtigt als Räte, Richter und Politiker. Sie bestimmten, wo ein Lager aufgeschlagen werden und wann es abgebrochen werden sollte. Und auch darüber, ob ihre Söhne in den Krieg zogen.

Die Männer sicherten die Macht nach außen, die Frauen die Ruhe innerhalb ihrer Gesellschaft. Dieses Gleichgewicht der Machtverteilung zwischen den Geschlechtern führte zu einer sehr stabilen inneren Harmonie.

Frauenmacht hat also bei den Cherokees eine lange Tradition. Aber nie zuvor in der Geschichte war eine Frau Häuptling des heute noch 70 000 Köpfe zählenden Sieben-Clan-Indianerstammes. CHIEF WILMA ist studierte Soziologin. Sie muß sich mit Problemen herumschlagen, mit denen Indianer konfrontiert sind, seitdem der erste Weiße ihre

Jagdgründe betreten hat: Problemen, die diese Menschenrasse seit fünfhundert Jahren in den Abgrund ziehen. Heute ist es die Stoffwechselkrankheit Diabetes – und nach wie vor der Alkohol.

Hundert Jahre lang dauerte für die Indianer der Tag, bis die Sonne starb

Von 1790 bis 1891 führten die Weißen Kriege gegen die Indianer. Sie brauchten hundert Jahre lang, bis sie sie gedemütigt, dezimiert und zum Teil ausgerottet hatten. Sie schlugen sie mit Methoden, die die Indianer nicht verstehen konnten. Daß man Friedensabmachungen nicht einhielt, das haben sie nie verstanden.

Sie haben den Weißen auch nach einem dritten Friedensschluß noch immer vertraut.

Die Weißen mißbrauchten die Gastfreundschaft, indem sie eingeladene Häuptlinge beim Friedensessen ermordeten.

Es genügte ihnen nicht, Stämme nur zu besiegen, sie rotteten sie nach einem siegreichen Kampf buchstäblich alle aus bis auf den letzten Greis und das letzte Baby. Sie ermordeten sie hinterrücks: Alte, Frauen, Kinder.

Sie brachten Gastgeschenke – es waren mit dem Pockenvirus verseuchte Decken aus ihren Hospitälern.

Sie vergifteten sie mit Alkohol und lehrten sie lügen und die Intrige zu gebrauchen.

Und dann kam der Tag, als die Sonne starb.

Zur Sonnenfinsternis am 1. Januar 1890, behauptete der Minneconjou-Sioux-Häuptling KICKING BEAR, sei ihm der Große Geist erschienen. Das gab der Geistertanz-Kult-Bewegung, die den Niedergang des Weißen Mannes und die Wiederkehr der Büffel und Getöteten beschwor, bei den Sioux neuen Auftrieb.

Der Rausch dauerte knapp ein Jahr.

Am 29. Dezember 1890 wurden im Wounded-Knee-

Creek-Massaker von den US-Truppen wahllos Frauen, Männer und Kinder niedergemetzelt.

Damit war das Sioux-Problem gelöst.

Und das der Indianer überhaupt.

Und doch wird der Indianer auch heute immer gebraucht

Im Zweiten Weltkrieg haben 25 000 Indianerinnen und Indianer in den US-Streitkräften gedient.

Ihrer komplizierten athapaskischen Sprache wegen wurden Yutagenne-Indianer, die Navajos, hauptsächlich als Funker im Krieg gegen Japan eingesetzt. Als die Japaner beim amerikanischen Inselspringen im Pazifik den amerikanischen Geheimcode geknackt hatten, setzten die Amerikaner Navajo-Funker ein, die den Nachrichtenverkehr in ihrer Stammessprache führten, den zu entschlüsseln die japanischen Codeexperten keine Chance hatten.

Ihnen und den Mohawk-Indianern ist auch New Yorks Stadtbild zu verdanken. Schwindelfrei und absolut trittfest haben sie in schwindelerregenden Höhen von bis zu 400 Metern die Stahlgerüste der Wolkenkratzer vernietet. Am UN-Gebäude, am Metropolitan Life Tower, am RCA-Gebäude, am Empire State Building und dort in fast 500 Metern Höhe über der 34. Straße auch noch den 70 Meter hohen Fernsehturm hochgezogen.

Und der legendäre Chiricahua-Apachen-Häuptling GERONIMO steht der US-Luftwaffe heute noch beim Fliegen bei. US-Fallschirmjäger stürzen sich mit den Kampfschrei »Geronimoooo . . .« aus den Flugzeugen in die Tiefe: Geronimo, dessen indianischer Name eigentlich »Go-khlä-yeh« war – der Mann, der gähnt.

In der Not muß der Indianer her.

Der letzte Tango im Paradies

Heute schiebt einer dem anderen die Schuld in die Schuhe, wenn's nicht funktioniert in der Beziehung zwischen Mann und Frau. Wer damit angefangen hat?

Natürlich: ADAM und EVA.

Ein Paradies hatten sie, Tiere auf dem Felde, Vögel unter dem Himmel, die schönsten Früchte auf den Bäumen. Von allen durften sie essen, nur von dem einen nicht – die Vorschriften waren hinreichend bekannt. Ewig hätten sie dort leben können.

Wenn dann nicht die Sache mit der Schlange gewesen wäre. Die Schlange verführte Eva. Eva verführte Adam. Wir wissen nicht, ob oder wie lange er sich zierte; wissen nicht, was sie zu ihm sagte. Wir kennen nur das Endergebnis. Aber da muß schon ein hohes Maß an Übereinstimmung zwischen den beiden gewesen sein. Denn mir nichts, dir nichts setzt sich ein Adam nicht über derart folgenschwere göttliche Vorschriften hinweg.

LUCAS CRANACH der ÄLTERE empfand das auch so. Er malte seine Sicht von *»Adam und Eva im Paradies«* 1531, ohne über Evas Schuld oder Schuldlosigkeit zu richten.

Adam und Eva stehen auf seinem Bild einträchtig nebeneinander – aus ihrer Sicht: Adam rechts von Eva, Eva links beim Baum. Er hat seinen Arm freundschaftlich um ihre Schultern gelegt. Den Sündenfall haben sie komplizenhaft gemeinsam begangen – in vollstem Einverständnis miteinander. Ein bißchen Nachdenklichkeit ist da – vielleicht hat die Frucht nicht so gut geschmeckt, wie sie es erwartet hatten, und schon deswegen hat sich das Ganze vielleicht nicht ausgezahlt. Aber Angst – nein, Angst ist keine da, kein Entsetzen, keine Panik. Die erste Entente cordiale auf Erden.

Gemütsbewegung zeigen nur die Tiere neben ihnen. Der Hirsch und die Hirschkuh sind von großer Betroffenheit befallen. Und der Löwe ist vor Zorn wie von Sinnen, ihm hat's sogar das Gebrüll verschlagen.

Die Schlange, die sich hoch über Evas Kopf vom Baum

wegringelt, ist vergnügt. Sie grinst verschmitzt, mit lachenden Augen, nicht bösartig, aber doch sichtlich schadenfroh, den Menschen, die Krone der Schöpfung, und ihren Schöpfer himself mit einem offensichtlich ganz billigen Trick so leicht übertölpelt und ihnen und damit auch IHM ein so folgenschweres Schnippchen geschlagen zu haben.

Ausstrahlung haben Adam und Eva bei Cranach allerdings keine. Man kann sich nicht vorstellen, was sich zwischen den beiden abgespielt haben könnte.

Bei ALBRECHT DÜRER sehen Adam und Eva schon ganz anders aus. Nicht die vom Kupferstich von 1504, sondern die in Öl von 1507, wie Sie sie auf dem Buchumschlag sehen. Aus seiner Sicht müssen bei den beiden die Glocken geläutet und die Engel gesungen haben – die bösen, versteht sich.

Man wird den Eindruck nicht los, als hätte Dürer die beiden gerade in dem Augenblick eingefangen, als sie unmittelbar davor standen, den Sündenfall zu begehen. Wie ein Photograph schoß Dürer eine Momentaufnahme: die letzten zehn Sekunden im Paradies.

Dürers Eva sieht faszinierend aus. Versuchung geht von ihr aus, eine starke Ausstrahlung, Einfluß auf Adam, und eine gewisse Macht über ihn. Eine ganz selbstbewußte junge Dame mit tizianrotem Haar, das ein wenig fliegt wie bei BOTTICELLIS *Venus.* Von links, vom Baum her, von den verbotenen Früchten, scheint der Wind zu kommen.

Adam (ebenfalls rothaarig) und *Eva* sind bei DÜRER nicht auf einem Bild. Sie hängen im Madrider Prado auf zwei lebensgroßen Bildtafeln nebeneinander. Zwei schöne jugendliche Figuren – in einer abgerissenen Bewegung, als würden sie gerade einen Tanzschritt abfangen und in den nächsten hineinsteigen. Das war ihr letzter Tango im Paradies. Zwei junge Menschen, die sich gerade mit Blicken geeinigt haben, einen Plan auszuführen, der nicht ohne ist. Adam scheint vielleicht etwas ängstlich – aber doch fest entschlossen. Den Kopf erhoben und nach rechts geneigt, fixiert er ein (zu) hohes Ziel. Er schaut den Apfel an, den Eva in der linken Hand hält.

Eva schaut Adam an. Sie traut ihm nicht ganz und hat ihn mit den Augen fest im Griff. Der Countdown läuft.

Die Schlange, das intrigante Biest, das Eva dienstbeflissen die Frucht in die Hand gelegt hat, wirkt ungeduldig und nervös. Sie ist sich offenbar noch immer nicht sicher, ob die Sache wirklich klappt. Sie hätte ja wirklich auch anders ausgehen können.

Was war der Grund, daß die Schlange gerade Eva zu ihrer Verbündeten machte? Hätte das ganze Unternehmen mit Adam gar nicht funktioniert?

Hat die Schlange annehmen müssen, daß Adam viel zu diszipliniert war, um sich auf so ein Abenteuer einzulassen? Für einen Mann mit Prinzipien ist Vorschrift Vorschrift und Verbot Verbot. Dieser Mann war stur und für die Absichten der Schlange nicht nur unbrauchbar, sondern auch höchst gefährlich. War sie doch geschaffen, ihm untertan zu sein. Dieser Hierarchieunterschied hätte ihn dazu verleitet – Ordnung ist Ordnung, wo kämen wir denn sonst hin? –, im Zorn Dinge zu tun, die der Schlange möglicherweise Kopf und Kragen gekostet hätten. Nein, da mußte sich die Schlange schon ans Reglement halten.

Natürlich hätte es auch sein können, daß Adams Interesse geweckt worden wäre. So als Denkmodell. Das Weib hätte ihm ja in heißen Nächten – oder gab's die da noch gar nicht? – den Weg weisen können, zumindest mit den Gedanken zu spielen: Was wäre, wenn ...

Nein, dann hätte sich Adam selbst diszipliniert. Er hätte sich einen Bannkreis um den Baum gezogen, um ja nicht in Versuchung zu kommen. Denn intelligent war der Mann ja genug, um zu wissen: »... ein jeglicher wird versucht, wenn er von seiner Lust gereizt und gelockt wird« (*Jakobus* 1, 14).

Der Mann kam für die Schlange also nicht in Frage.

Mit der Frau kam man da schon besser zurecht. Die konnte man umschlängeln, bezüngeln. Der konnte man schöne safrangelbe Augen machen.

Also – Adam nicht.

Wenn die Schlange auch nicht ausschließen konnte, daß

das teuflische Unternehmen nicht doch letztlich an ihm scheitern würde. Wenn er nämlich die Annahme verweigerte.

Dann wäre das Alte Testament in der *Genesis* bei 1. *Mose* 3, 6, stehengeblieben: »... und sie nahm von der Frucht und aß und gab ihrem Mann auch davon, und er aß ... NICHT.«

Hätte Eva ja und Adam nicht.

Wäre Eva allein des Paradieses verwiesen worden? Wäre Adam dann freiwillig mit ihr gegangen? Was sollten beide allein denn tun – sie gehörten doch zusammen. Sie waren doch füreinander geschaffen, der Mensch und die Menschin, der Mann und die Männin, der Mann und das Weib.

Retten hätte die beiden nur Eva können. »Nein«, hätte sie zu dem Schlangenungeheuer sagen können, »verkriech dich, du Miststück!« Dann hätte sie Adam bei der Hand nehmen können, und sie hätten sich in ein anderes Eck ihres Paradiesgartens verzogen und würden heute noch dort sitzen.

Was zum Teufel hatte Eva denn überhaupt im Zentrum von Eden zu suchen, wo der Baum stand? Kam man dort immer automatisch vorbei? Oder mußte man sich dort vorsätzlich hinbegeben? Wollte sie zum Nervenkitzel ein bißchen um den ominösen Baum herumflanieren – neugierig, Habgier im Herzen?

Ein ganz gefährlicher Schaufensterbummel war das. Denn dort wartete schon der Schlepper. Ein »Küß die Hand, schöne Frau!", ein bißchen artige Konversation – dann den Gelegenheitskauf anpreisen, und schon war's passiert.

War Eva am Ende zu dumm? Oder war es die Lust am Plänkeln, der sie nicht widerstehen konnte? Oder war es einfach die höhere Risikobereitschaft, die sie zu dieser Handlung veranlaßt hat? Ganz spontan, in der Hoffnung, so schlimm würde es schon nicht werden. Als es das dann doch wurde, schob erst einmal Adam die ganze Schuld auf Eva, und Eva schob sie gleich postwendend weiter auf die Schlange. Die hätte sie betrogen. Einfach so.

Als Gott der Herr die angekündigten Sanktionen verhängte, war eine davon: »... dein Verlangen soll nach deinem Mann sein, und er soll dein Herr sein« (1. *Mose* 3, 16).

Was in der Bibel immer wieder verankert ist: »... der Mann ist des Weibes Haupt ...« (1. *Korinther* 11, 3) und »Die Weiber seien untertan ihren Männern als dem Herrn« (*Epheser* 5, 22), »Und der Mann ist nicht geschaffen um des Weibes willen« (1. *Korinther* 11, 9). Und alles hat sich später dann entsprechend auslegen lassen.

Hätte Adam den Sündenfall wirklich verhindern können? Hätte er Eva zurückpfeifen können?

Aber vielleicht war Eva nur spazieren und hat ihm etwas Süßes mitgebracht.

Und er war nicht vorsichtig genug.

Vielleicht hat er nur die Situation verkannt und gemeint, es bestünde kein Entscheidungsbedarf.

Wer war schuld?

Adam?

Oder Eva?

Beide waren es: Adam und Eva.

Man darf sich die entscheidende Frage nicht zu einfach stellen: Wie kam es, daß sich Adam und Eva in einer solchen Situation nicht darauf geeinigt haben, sich richtig zu verhalten? Von der Überlegung ausgehend: Adam hätte den Apfel – oder was das immer auch war – nicht nehmen und Eva hätte ihn ihm nicht geben dürfen.

Wirklich zu einfach.

Denn aus unverständlichen Gründen haben sie sich geeinigt. Sie haben ihn beide genommen.

Und nicht das Paradies gewählt.

Wie sonderbar.

Das X-Y-Spiel

Nur fünf Wochen lang in ihrem Leben gibt es zwischen Männern und Frauen keinen Unterschied – sie sind absolut gleich. Der winzige Embryo im Mutterleib hat bis zur sechsten Woche nach der Befruchtung kein Geschlecht. Er trägt nur die Anlagen in sich.

Aber welche?

Zur Frau?

Zum Mann?

Zu beiden – er ist androgyn, um die neueste Chiffre aus der Geheimsprache zwischen den beiden Geschlechtern zu benutzen – Mann und Frau in einem.

Der Embryo hat 23 Chromosomen von der Mutter bekommen, 23 vom Vater. In je 22 ist die Batterie der Erbanlagen installiert, die sein ganzes Leben bestimmen werden. Sie enthalten die von den Eltern ererbten Anlagen, die genauen Informationen, welche Eigenschaften der Mensch, der hier entsteht, wieder an seine Kinder weitergeben wird, und den genauen Bauplan für die Milliarden von Zellen, die der Körper zum Leben braucht. Welche ganz spezielle Funktionen sie zu erfüllen haben, nach welcher Zeit sie immer wieder durch neue ersetzt werden müssen, weil sie absterben.

Das 23. Chromosom aber spielt die Rolle der biologischen Tombola, ob das kleine Lebewesen einmal eine Frau oder ein Mann wird.

Bestimmt wird das Geschlecht vom Chromosom des Vaters, und das hängt wieder davon ab, welcher von den mehr als vierhundert Millionen Samenfäden das einzige Ei in der Gebärmutter anpeilen und sich mit ihm verschmelzen kann.

Und da kommt's zum X- oder zum Y-Effekt.

Denn die eine Hälfte der männlichen Samenfäden trägt Samenzellen mit männlicher Geschlechtsbestimmung, die andere Hälfte mit weiblicher.

Von der Mutter kommt immer ein X-Chromosom, vom Vater kann es also beides sein – ein X oder ein Y.

Ist ein X-Chromosom zum X der Mutter gekommen, dann wird's ein Mädchen (XX), war es ein Y, dann macht es mit dem X-Chromosom der Mutter zusammen einen Buben (XY).

Aber fünf Wochen lang passiert erst einmal gar nichts. Die befruchtete Eizelle trägt beide Anlagen in sich.

Der sogenannte Genitalapparat wird, morphologisch gesehen, primär bisexuell angelegt. Außer den Keimdrüsen – den Hoden und den Eierstöcken, die später einmal Spermien und Eier sowie Sexualhormone produzieren werden – besitzt jeder Embryo Wolffsche und Müllersche Gänge.

Der *Wolffsche Gang* ist die männliche Anlage, daraus entwickeln sich Nebenhodengang, Samenleiter und Samenblase; bei dem Embryo, der einmal Frau wird, bildet er sich zurück. Der *Müllersche Gang* ist die weibliche Anlage, daraus werden Eileiter, Gebärmutter und obere Vagina – beim später männlichen Wesen bildet sich daraus der Prostataschlauch.

Der fetale Hoden hat eine so stark stimulierende Wirkung auf die Ausbildung der primären männlichen Geschlechtsmerkmale, daß er die Weiterentwicklung der Müllerschen Gänge hemmt.

Damit ein Embryo einmal ein Mann wird, braucht er unbedingt Androgene. Die weibliche Entwicklung erfolgt hormonunabhängig. Das ist von schwerwiegender biologischer Bedeutung. Jeder Mann ist in seinem frühen Entwicklungsstadium eigentlich als Frau angelegt.

Der Berliner Veterinärpathologe und Endokrinologe FRIEDMUND NEUMANN sagt: Es besteht primär – unabhängig vom genetischen Geschlecht – eine Tendenz zur weiblichen Differenzierung. Und er zitiert den Pariser Biologen A. JOST, der dieses Phänomen in einem Satz zusammenfaßt: »Ein Mann zu werden ist ein langwieriges, unsicheres und riskantes Unternehmen. Es ist eine Art Daseinskampf gegen die angeborene Entwicklungsanlage zur Weiblichkeit.«

Diese doppelgeschlechtliche Anlage und ihre Wirksamkeit haben Tierversuche bewiesen: Nach Kastration eines genetisch männlichen Kaninchenfetus trat eine Feminisierung ein. Es entwickelten sich Eileiter, die Hörner der Gebärmutter und die Vagina. Die (weiblichen) Müllerschen Gänge haben also nach der Kastration bei beiden Geschlechtern die gleichen Potenzen.

In der sechsten Schwangerschaftswoche setzt dann ein geheimnisvolles Signal eine biologische Entwicklung in Bewegung, die die beiden Geschlechter auf Lebenszeit trennt: Der kleine Organismus beginnt, eine Frau oder ein Mann zu werden.

Der Embryo mit dem männlichen Erbanlagenträger Y bildet das männliche Hormon Testosteron. Dadurch beginnt die Entwicklung aller Anlagen des männlichen Geschlechts. Der Embryo mit der Erbanlage X bildet das weibliche Geschlechtshormon Östrogen und sorgt dafür, daß eine Frau heranwächst.

Für die befruchtete Eizelle mit dem genetischen Programm »männlich« ist die Embryonalentwicklung gefährlicher als für die mit dem Programm »weiblich«. Zwar kommen auf 115 »männliche« Eizellen 100 »weibliche«. Aber die männlich programmierten sterben häufiger ab als die weiblich programmierten.

Die Statistik sieht das Geschlechtsverhältnis bei der Geburt so: Auf 100 Mädchen kommen 106 Buben.

Sie sind zwar für ein neues X-Y-Spiel durch die Fortpflanzungsbiologie zwingend aneinander gekettet, aber es besteht die ganz konkrete Gefahr, daß sie einander ein ganzes Leben nicht verstehen.

Weil jeder anders ist.

Zum Glück!

Nur wissen müssen sie's.

Und sich danach richten.

Übrigens – Frauen sind das stärkere Geschlecht. Auf dem Y-Chromosom sind heute etwa 100 genetische Merkmale bekannt. Einige lösen Erkrankungen aus, die nur beim XY-Mann zum Ausbruch kommen, während sie bei der XX-Frau vom zweiten, noch intakten Gen des X-Chromosoms verhindert werden. So können Frauen zum Beispiel die Bluterkrankheit übertragen, ohne selbst daran zu erkranken.

Bis zum Alter von zwölf, dreizehn tut sich nicht sonderlich viel zwischen den beiden Geschlechtern. Die Geschlechtshormone verhalten sich noch ruhig. Die beiden Geschlechter nehmen voneinander wenig Notiz – wenn, dann höchstens feindselig. Dann kann es schon vorkommen, daß sie einander begegnen wie zwei wildgewordene feindliche Indianerstämme.

Aber dann wird's ernst. Dann kommen sie in die Pubertät. Bei den Mädchen beginnen die Eierstöcke mit der Produktion der Hormone Östrogen und Progesteron. Bei den Buben fangen die Hoden mit der Produktion von Testosteron an.

Die Hormone bringen beide ganz schön auf Trab und durcheinander. Sie verändern sich – psychisch wie physisch. Und was das Äußere betrifft, so kann man beide schon sehr gut von hinten unterscheiden – auch wenn sie lange Haare und enge Jeans tragen.

Und eines Tages werden sie wirklich zu Mann und Frau.

Das Mädchen mit der Menarche, ihrer ersten Monatsregel. Der Bub mit der Erstpollution, seinem ersten Samenerguß.

Bei Mädchen läßt sich dieser Zeitpunkt genau festlegen. Er liegt (in Mitteleuropa) zwischen dreizehn und dreizehneinhalb. Das ist abhängig von ethnischen, klimatischen und konditionellen Faktoren. In Ägypten und Spanien ist das schon zwischen dem zehnten und zwölften Lebensjahr, bei den Eskimos erst mit dreiundzwanzig.

Und ab jetzt geht's rund zwischen den beiden Geschlechtern.

Unterschiede, die verbinden

Seit die Menschheit besteht – allerdings erst ein Kapitel nach Adam und Eva –, hat man versucht, die Schwierigkeiten, die immer wieder im Umgang zwischen Mann und Frau auftreten, darauf zurückzuführen, daß es eben erhebliche Unterschiede zwischen den beiden Geschlechtern gibt.

Im Laufe der Zeit haben sich diese Unterschiede summiert, und irgendwann haben sich dann die Universalien eingebürgert – dies ist typisch weiblich, und das ist typisch männlich.

Natürlich gibt's erst einmal die körperlichen Unterschiede. Neben den bekannten beim Haarwuchs (Bart, Rumpf, Extremitäten, Schamgegend) und den Körperproportionen (genaue Durchschnittsmaße siehe unten) gibt es Unterschiede bei Fettansatz und Muskulaturanteil. Frauen (Fettanteil 28 Prozent des Körpergewichts, Männer 18 Prozent) haben ihre Fettdepots an den Oberarmen, Oberschenkeln und am Gesäß, Männer an Bauch, Taille, Nacken. Frauen haben nur einen Muskulaturanteil von 36 Prozent ihres Gesamtgewichts, Männer 42 Prozent.

Auch vor der Pubertät bestehen gewisse markante Unterschiede: Bei männlichen Kindern erfolgt der Durchbruch der bleibenden Schneide- und Backenzähne bis zu neun Monate früher als bei weiblichen.

Und die Pubertät dauert bei Knaben bis zu zwei Jahre länger als bei Mädchen.

Diese Unterschiede sind genau meßbar. Alles kann man in Maßen angeben. Wenn Sie wissen wollen, wie groß die Oberfläche Ihrer Haut ist – bitte schön: zwei Quadratmeter. Wenn Sie wissen wollen, wie groß sie bei Ihren Kindern ist, dann rechnen Sie sie sich einfach aus – das gilt für die Altersgruppen von einem Monat bis zu vierzehn Jahren. Die Doktores TAI-KWAN LAM und DAVID T. Y. LEUNG vom Prince-of-Wales-Hospital in Shatin, Hongkong, haben in einem Leserbrief an die amerikanische Ärztezeitschrift »*The New England Journal of Medicine*« ihren Kollegen folgende Formel empfohlen: Hautoberfläche in Quadratmetern = Quadratwurzel aus Körpergröße in Zentimetern mal Gewicht in Kilogramm gebrochen durch (Bruchstrich) 3 600 – dann wissen Sie es ganz genau. Fragt sich nur, wozu Sie das brauchen.

Was unterscheidet Männer und Frauen denn nun wirklich voneinander?

Seit Oktober 1986 gibt es in der Bundesrepublik Deutschland den Durchschnittsmenschen DIN 33 403. Von 1968 bis 1977 hat das Anthropologische Institut der Universität Kiel 70 000 Männer und Frauen untersucht und für das Berliner DIN-Institut (Deutsches Institut für Normung e. V.) die »Körpermaße am unbekleideten Menschen ermittelt«. Es wurden 56 Positionen vermessen – vom Pupillenabstand über Kleinfingerlänge bis zur Fersenbreite. Der Zweck: Entwicklungsabteilungen, die sich mit der Gestaltung von technischen Erzeugnissen, Arbeitsplätzen und Arbeitsumgebung beschäftigen, sollte konkretes Zahlenmaterial an die Hand gegeben werden. Das gilt für die Konstruktion von Autositzen, Kniefreiheit in Kinositzreihen bis zu Küchenmöbeln und Kranfahrerkabinen. Demnach unterscheiden sich in der Bundesrepublik Mann und Frau in auszugsweise solchen Zentimetergrößen:

Der Mann ist 1,74 Meter groß, die Frau 1,63.

Der Mann hat eine Armreichweite nach vorn von 72,3 Zentimeter, die Frau 69,3 Zentimeter.

Er kann 2,06 Meter groß werden, sie nur 1,86 Meter.

Seine Augen sind in einer Höhe von 1,61, ihre in 1,50 Meter. Sein Pupillenabstand beträgt 6,4 Zentimeter, ihrer 5,7 Zentimeter.

Er hat 40 Zentimeter Schulterbreite, sie 35,6 Zentimeter.

Seine Hüftbreite ist 34,9 Zentimeter, ihre 35,9 Zentimeter.

Sein Zeigefinger ist 8,5 Zentimeter lang und 2,1 Zentimeter breit, ihrer 6,9 lang und 1,8 breit.

Sein kleiner Finger ist 6,2 Zentimeter lang und 1,7 Zentimeter breit, ihrer 5,8 und 1,4.

Sein Fuß ist 10,2 Zentimeter breit und 26 Zentimeter lang, ihrer 9,7 breit und 24,3 lang.

Seine Fersenbreite ist 6,6 Zentimeter, ihre 6,2 Zentimeter.

Der Mann hat auch längere Beine. Seine Schritthöhe beträgt 81,5 Zentimeter, ihre liegt bei 78,6.

Das entspricht – mit geringen Abweichungen – auch den Messungen, die die amerikanische Raumfahrtbehörde NASA durchgeführt hat. Der amerikanische Durchschnittsmann ist demnach 4,4 Zentimeter größer als Herr DIN 33 403.

Diese Untersuchung hat einen hohen praktischen Wert. Aber bei einer Vielzahl von Untersuchungen, die den geschlechtsspezifischen Unterschieden zwischen Mann und Frau auf den Grund zu gehen suchen, bleibt diese Frage völlig offen. Die Ergebnisse bestätigen zum Teil althergebrachte Vorurteile oder widerlegen sie total – aber zum Teil sind sie wirklich überraschend. In Argumentationsschwierigkeiten kommen Wissenschaftler immer dann, wenn sie zu erklären versuchen, warum diese Unterschiede überhaupt existieren. Und bei vielen Untersuchungen fragt man sich: Was soll man damit anfangen?

ELEANOR EMMONS MACCOBY und CAROL NAGY JACKLIN, Psychologinnen an der Stanford University of California, schlüsseln in ihrer inzwischen zu einem Standardwerk gewordenen Veröffentlichung *»The Psychology of Sex Differences«* (Die Psychologie der Geschlechtsunterschiede) auf, welche Geschlechtsunterschiede als einigermaßen gesichert gelten, was unbegründete Spekulation ist und welche Fragen überhaupt offen sind. Ihr Buch hat übrigens den schönen Widmungsspruch: »Für Fairneß, Zuneigung und besseres Verständnis. Unter Frauen. Unter Männern. Zwischen Frauen und Männern.«

Völlig offen sind für sie Geschlechtsunterschiede hinsichtlich Ängstlichkeit, Zaghaftigkeit, Fügsamkeit, Fürsorglichkeit, Aktivität, Konkurrenzdenken, Herrschsucht, »mütterlichem Verhalten«.

Als einigermaßen gesichert lassen die beiden Damen gelten: Mädchen haben größere sprachliche Fähigkeiten.

Buben verfügen über ein besseres Raumvorstellungsvermögen. Buben sind begabter in Mathematik.

Buben sind aggressiver.

Mehr ist da nicht, sagen sie, alles andere sind Spekulationen:

Mädchen sind sozialer, sind leichter beeinflußbar, haben weniger Selbstachtung, können besser auswendig lernen.

Buben sind besser im Verarbeiten von anspruchsvollen Wahrnehmungen, sind analytischer als Mädchen.

Mädchen sind stärker durch Veranlagung geprägt, Buben mehr durch ihre Umwelt.

Mädchen neigen mehr zu akustischen Reizen, Buben mehr zu visuellen.

Gerade diese Aussage scheint eine amerikanische Untersuchung von 1968 zu bestätigen: Mädchen bekommen eher etwas mit, wenn sie es hören, Buben, wenn sie es sehen. Warum Mädchen besser mit den Ohren und Buben besser mit den Augen wahrnehmen, dafür haben die Wissenschaftler auch eine plausible Erklärung: In früher Kindheit ist das Sehsystem neurologisch früher ausgebildet als das Gehör. Da Mädchen aber einen etwas schnelleren Entwicklungsprozeß durchmachen als Buben, sind bei ihnen auch die Teile des Nervensystems früher funktionstüchtig, die für das Gehör zuständig sind. Andere Untersucher kommen zu dem Schluß, das sei überhaupt so zwischen Mann und Frau.

Das scheint auch die Praxis im Alltagsleben zu bestätigen: Schicken Sie eine Frau *und* einen Mann zusammen in die Welt hinaus, um etwas zu erkunden! Sie werden alles wissen – denn *sie* wird alles gehört, *er* wird alles gesehen haben.

Sind Frauen 19mal empfindlicher?

Audiometrische Untersuchungen (übliche Meßfrequenzen 500, 1 000, 2 000, 4 000 und 8 000 Hertz) haben ergeben, daß beim Reinen-Ton-Hören (eine einzige Frequenz) Frauen von Kindheit an bis etwa zum 30. Lebensjahr bessere Werte erzielen als Männer. Dann verlieren beide Geschlechter an Hörvermögen in den meisten Frequenzen von 1 000 Hertz und darüber – Männer ab 32, Frauen ab 37. Zwischen 20 und 65 Jahren verlieren Männer 35 Dezibel (dB) an Hörvermögen, Frauen an die 20 dB. Zum Vergleich: 30 dB ist die Lärmstärke eines brummenden Kühlschranks.

Noch etwas: Männer haben es gern laut, Frauen lieben mehr die leisen Töne. Männer fühlen sich durch Lärm weniger belästigt als Frauen.

Dieses Ergebnis wartet noch auf eine Umsetzungsmöglichkeit in die Praxis – doch wer weiß, wozu man diese Erkenntnis noch brauchen wird: Männer überschätzen die Entfernung einer Schallquelle öfter als Frauen.

Sehen: Ab dem sechsten Lebensjahr haben Buben eine bessere Sehschärfe als Mädchen. Weitsichtig wird die Frau früher als der Mann. Sie braucht schon zwischen 35 und 44 eine Lesebrille, der Mann erst zwischen 45 und 54 Jahren. Frauen neigen bei Ermüdung auch mehr zu »Augenmuskelgleichgewichtsstörungen«, zum Schielen – sowohl zur Divergenz (nach außen) als auch zur Konvergenz (nach innen).

Und wenn Männer glauben, mit Frauen ist im Dunkeln gut Munkeln, dann sind sie auf dem Holzweg. Frauen haben es lieber doppelt so hell wie Männer.

Schmecken: 1970 haben NISBETT und GURWITZ herausgefunden, daß neugeborene Mädchen »ihre Saugrate erhöhen«, wenn sie etwas Süßes in ihrem Fläschchen zu trinken bekamen – Buben nicht. Bei erwachsenen weiblichen Testpersonen haben die Forscher festgestellt, daß sie auf Bitteres empfindlich reagieren. Als erwiesen gilt auch die Tatsache, daß Schwangere süß, sauer, bitter und salzig früher aus Proben herausschmecken als Nichtschwangere.

Riechen: Frauen haben einen besseren Geruchssinn als Männer. Frauen riechen bestimmte Stoffe, wie etwa Essigsäure, schon in dünneren Konzentrationen als Männer. Frauen nehmen in den Morgenstunden Gerüche am besten wahr. Ihr Geruchssinn ist besonders zur Zeit des Eisprungs ausgebildet – so um den zwölften Tag des Monatszyklus.

Frieren, Schwitzen: Frauen sind für Temperaturschwankungen empfindlicher als Männer. Das liegt an der Thermoregulierung im weiblichen Organismus. Die sofort nach dem Aufwachen vor dem Aufstehen (oral oder rektal) gemessene Basaltemperatur steigt etwa einen Tag nach dem Eisprung um 0,4 bis 0,6 Grad Celsius an. Das ist der Thermostateffekt des ansteigenden Gelbkörperhormons Progesteron. Tests haben ergeben, daß Frauen bei einer Umgebungstemperatur von 36 Grad vor dem Eisprung einen Kältereiz von 1,2 Grad spüren, nach dem Eisprung schon, wenn es 0,6 Grad kühler wird.

Frauen passen sich Umgebungstemperaturen auch schneller an als Männer. Und Frauen schwitzen weniger.

Berührung: Männer sind gegen Berührungen nur halb so empfindlich. Frauen spüren bereits einen Druck von zwei Gramm auf ihrem Unterarm, Männer erst einen von drei. Frauen empfinden Berührungen überhaupt als angenehmer als Männer. Und bei einem Drucktest von 20 verschiedenen Stellen des Körpers waren Frauen an 19 empfindlicher als Männer. Nur bei einer Berührung auf der Nase gab es keinerlei Unterschied zwischen den beiden Geschlechtern.

Schmerzen: Auf Schmerzen reagieren Männer ganz anders als Frauen. Objektiv: Bei ihnen steigt der systolische Blutdruck, also der obere Blutdruckwert. Bei Frauen wird in auffälliger Weise der Atmungsrhythmus beschleunigt.

Männer haben eine höhere Schmerztoleranz als Frauen. MACCOBY und JACKLIN zitieren folgende Großstudie (WOODROW und Mitarbeiter, 1972): Getestet wurden an über 40 000 Erwachsenen, wieviel Druck auf die Achillesferse ausgeübt werden kann, bevor es zu Schmerzempfindungen kommt. Bei Männern waren das 14,35 Kilogramm, bei Frauen 7,95 Kilo. Die Schmerzgrenze wurde dabei nicht überprüft.

Das können durchaus subjektive Werte sein, meinen Kritiker. Die Tatsache, daß nach landläufiger Meinung Männer

»eher still leiden« und Frauen »au!« schreien, könnte diese Ergebnisse erheblich verfälschen.

Raumvorstellungen: MACCOBY und JACKLIN führen ein Dutzend Tests an, die beweisen, daß es für die Fähigkeiten in der Vorstellung des Dreidimensionalen keine Unterschiede zwischen den Geschlechtern gibt.

Es drängt sich einem dabei allerdings auch die Frage auf, ob diese Tests irgendeinen praktischen Hinweis geben – ob sie sich auf das wirkliche Leben »hochrechnen« lassen. Da wird getestet, wie Personen im Geist Würfel drehen können; wie eine Versuchsperson im stockdunklen Raum einen schwach leuchtenden Stab in der Hand des Testers in eine mehr oder weniger senkrechte Lage dirigieren kann. Kein Untersucher hat den Orientierungssinn getestet, indem er seinen Probanden in den Wald führte, ihn dreimal herumdrehte und dann nach Hause schickte.

Und keiner hat eine Untersuchung durchgeführt, deren Ergebnis für die Praxis so wichtig wäre. Haben Frauen tatsächlich Schwierigkeiten mit dem Erkennen der Raumtiefe, wie es bei fast jedem Parkmanöver zu beobachten ist? Und wenn nur nachgewiesen würde, daß es einzig und allein am mangelnden Training liegt – wie das Schnellfahren, vor dem untrainierte Fahrerinnen Angst haben, weil sie nicht gewohnt sind, mit dem Kopf hundert Meter weiter zu sein als das Auto, das sie fahren.

Eine Psychologin jagte die Emanzen auf die Palme

Hier ein interessantes Testergebnis, das natürlich auch wieder Staub aufgewirbelt hat:

Wissenschaftler wissen seit langem, daß die Gemütslage der Frau durch Veränderungen im Hormonspiegel während des Monatszyklus beeinflußt wird.

Eine neuere – selbstverständlich wieder umstrittene – Untersuchung wurde Mitte November 1988 auf dem Kongreß der »Society for Neuroscience« im kanadischen Toronto präsentiert. Da beschrieb eine Psychologin eine von ihr durchgeführte Studie, die ergab, daß die monatlichen Östrogenspiegelschwankungen im weiblichen Zyklus eine wichtige Rolle bei bestimmten weiblichen Fähigkeiten spielen.

Damit, vermutete das US-Nachrichtenmagazin *»Newsweek«*, hätte wieder jemand unbewußt eine neue Granate in den Geschlechterkrieg geschmissen.

Die kanadische Psychologin DOREEN KIMURA, Professorin an der University of Western Ontario – sie beschäftigt sich seit mehr als fünfundzwanzig Jahren mit der Untersuchung von Geschlechtsunterschieden –, hat 150 Frauen während ihrer Monatszyklen auf ihre Wahrnehmungsfähigkeiten hin beobachtet.

Dabei zeigte sich: War der Östrogenspiegel am höchsten, also kurz vor der Ovulation, dem Eisprung, hatten sie bessere Ergebnisse bei Wortaufgaben als zu anderen Zeiten.

An starken Östrogen-Tagen konnten sie zum Beispiel den englischsprachigen Zungenbrecher »a box of mixed biscuits in a biscuit mixer« in 14 Sekunden fünfmal hintereinander fehlerfrei herunterratschen. (Das sollten die einmal mit dem deutschsprachigen Stolpersatz probieren: Fischers Fritze fischte frische Fische – frische Fische fischte Fischers Fritze.) An östrogen-schwachen Tagen brauchten sie dazu 17 Sekunden.

Oder: Am Beginn des Monatszyklus, also bei niedrigem Östrogenspiegel, lösten die Frauen Aufgaben wie Labyrinthgrafiken, Kartenlesen und dreidimensionale Puzzles besser als an östrogen-starken Tagen und erreichten dabei durchaus die Standardwerte der Männer, die solchen Aufgaben im allgemeinen besser gewachsen sind als Frauen.

Na, da war was los!

Prompt erschien dieses Untersuchungsergebnis auf der ersten Seite der angesehenen *»New York Times«* und stiftete wieder einmal Unruhe zwischen Männern und Frauen.

Amerikanische Feministinnen, kommentierte *»Newsweek«*

daraufhin, steigen bei solchen Gelegenheiten dann immer auf die Barrikaden und schreien: Das genau ist die Denkungsweise, die verhindert, daß eine Frau ins Weiße Haus einzieht.

Und das Nachrichtenmagazin »*Time*« zitierte Molly Yard, die Präsidentin der »Nationalen Organisation für Frauen«, mit der Bemerkung: »Ich glaube, daß diese Studie von einigen Leuten dazu benutzt werden könnte, Frauen zu diskriminieren. Denn sie würden einige ›male chauvinists‹ unter den Chefs in ihrer Meinung bestärken, Frauen seien als Mitarbeiterinnen wegen ihrer Monatsregel unberechenbar und unzuverlässig.«

Die Kritiker ließen sich auf solche Einzelheiten gar nicht ein, sie schmetterten Kimuras Studie rein formal ab. Ihnen schien die Zahl der Beobachteten einfach zu gering, außerdem könne man darüber erst etwas aussagen, wenn sich in ausreichend bestückten Testreihen Vergleiche zwischen Frauen und Männern herstellen ließen.

Und überhaupt, meinten skeptische Wissenschaftler, was sei das für eine Aussage? Der Hormonaspekt kann auch von anderen Faktoren überlagert sein: wie lange die Frauen geschlafen oder wann sie ihre letzte Tasse Kaffee getrunken hätten. So ginge das doch wirklich nicht.

Die Wissenschaftler sollten doch endlich mit ihrem »Ja – aber« aufhören!

Und wieder einmal kann sich ein Wissenschaftler seine Untersuchung an den Hut stecken. Die Methoden sind einwandfrei deklariert, die Aussagen wissenschaftlich fundiert – aber die gefundenen Ergebnisse werden zerredet.

Das ist genau so wie bei der Frage nach Mondeinflüssen auf den menschlichen Organismus.

Würde heute einer den Anspruch erheben, nachweisen zu können, daß es diese Einflüsse tatsächlich gibt, würde er auch nur schallendes Gelächter ernten.

Die Einstellung der Wissenschaft dazu würde sich nicht erheblich ändern. Ihr Argument wäre nach wie vor: Wer einmal in seinem Leben zufällig bei Vollmond Schlafstörungen hatte, der wartet seither auf den nächsten, um wieder nicht schlafen zu können.

Schallendes Gelächter unter seinen Wissenschaftskollegen erntet zur Zeit auch der deutschstämmige amerikanische Virologe Prof. Dr. PETER DUESBERG von der kalifornischen Universität Berkeley, der Verwirrung an der Aids-Front stiftet. Auch Duesberg ist kein Dahergelaufener, er ist immerhin Mitentdecker der sogenannten »Onkogene« – jener biologischen Anlagen, die für die Krebsentstehung von Bedeutung sind. Duesberg also stellt die ketzerische Behauptung auf, alle Aids-Forscher wären auf dem Holzweg, wenn sie meinten, das HIV-Virus allein könne die Immunschwäche Aids auslösen. Das sei nur ein Milliarden-Virus geworden, mit dem sich ungeheure Summen verdienen lassen. Und er sagte den Aids-Experten glatt ins Gesicht, sie würden an dem HIV-Virus nur deshalb herumpanschen, um einen Impfstoff zu finden, der ihnen den Nobelpreis einbringen würde.

Wenn es den Forschern eines Tages tatsächlich gelingen sollte, einen Impfstoff gegen diesen Virus zu finden, dann würde sich sehr schnell herausstellen, daß er gar nicht gegen die Krankheit immunisieren kann, weil auf den falschen Virus geschossen wird.

Das behauptet Duesberg hartnäckig seit 1986. Mit dieser ketzerischen These ist er am 20. Februar 1988 noch von Kalifornien nach New York vor die »Präsidenten-Kommission« zitiert worden, um zehn Minuten lang von Wissenschaftlern zu seinen unruhestiftenden Aussagen ge-(und ver-)hört zu werden. Im Januar 1989 zeigte sich dann an ersten Anzeichen, daß seine Theorie nicht völlig von der Hand zu weisen ist. Der von Duesberg am stärksten angegriffene, international renommierte Aids-Experte und HIV-Mitentdecker ROBERT GALLO, den Duesberg verächtlich dem »Aids establishment« zuordnete, präsentierte Untersuchungen, wonach es nicht mehr auszuschließen sei, daß an der Immunschwäche auch der Herpes-Virus HHV 6 maßgeblich beteiligt sein könnte ...

So spielen sich die Diskussionen ab, seit die Wissenschaft wiegen, messen, zählen kann – einer untersucht, und die anderen schreien: So geht das nicht. Oder: Wozu brauchen wir das?

Die Geschlechtsunterschiede zwischen Mann und Frau zu untersuchen, das erscheint den meisten als ein zu wenig zielführendes Unterfangen. Deswegen gerät jeder, der sich ernsthaft damit beschäftigt, in den Verruf, an den wichtigen Dingen des Lebens vorbeizuforschen. Ja, haben die denn nichts anderes zu tun? Der praktische Wert wird bezweifelt.

Das ist möglicherweise ein ganz großer Irrtum und grenzt an starke Kurzsichtigkeit. Denn erstens ließen sich manche Erkenntnisse auch sehr gut kommerzialisieren. Und zweitens wird bei dieser Überlegung der höchst praktische Wert übersehen: die große Chance, den Menschen zu Harmonie zu verhelfen.

Die beiden Geschlechter würden genau wissen, was sie wirklich unterscheidet, und könnten sich darauf einstellen. Es würde keiner mehr in den anderen Erwartungen setzen, die dieser nie erfüllen kann. Die großen und die kleinen Enttäuschungen, die das Leben oftmals so verbittern, ließen sich – Einsicht vorausgesetzt – auf ein Minimum reduzieren. Es gäbe zwar weiter Unterschiede, aber keine Differenzen mehr.

So bleibt es nicht aus, daß wissenschaftliche Untersuchungen rein akademischen Charakter haben. Es werden Erkenntnisse gewonnen, aber viel zu wenig Rückschlüsse gezogen. Wissenschaftler tun das nicht so gern, das könnte ihrem Renommee schaden. Versucht man, sie dazu zu bewegen, so etwas auf einen praktischen Nenner zu bringen, dann erfährt man sofort die Einschränkung: So kann man das nicht sagen. Sagt es dann aber doch einer, dann gilt er als unseriös. Und mit einem solchen Image behaftet, sitzt er bald auf der Außenseiterbank.

Die heute so geschmähte und trotz allem so verdiente

Schulmedizin fährt seit jeher auf diesem Gleis. Um so sensationeller ist eine Aussage, die im Januar 1989 die Hamburger Universitätsklinik Eppendorf gemacht hat.

Dort haben sich Chirurgen, Radiologen und Anästhesisten – alles international anerkannte Fachleute, über jeden Zweifel erhaben – zusammengetan und in der Öffentlichkeit einer Pressekonferenz folgende Methode als Weltneuheit verkauft: Die fraktionierte Strahlentherapie bei Bauchspeicheldrüsenkrebs erhöht die Fünfjahres-Überlebensrate um 60 Prozent. Dabei beginnt die Bestrahlung unmittelbar nach der Operation über einen Plexiglastubus direkt in die geöffnete Bauchhöhle. Und sechs Stunden später noch einmal. Der Patient bleibt in flacher Narkose. Der Bauch braucht nicht neu geöffnet zu werden.

Dazu hat Prof. Dr. HANS WILHELM SCHREIBER, der Chirurg, extra eine Art »Reißverschluß« entwickelt. Das hat einen doppelten Vorteil: Die krebsvernichtenden Strahlen können direkt an die operierte Bauchspeicheldrüse herangebracht werden. Dadurch wird die Strahlengefährdung von Magen, Darm, Leber, Nieren und Rückenmark ausgeschaltet. Die Dosis kann dadurch bis auf ein Viertel der bisher üblichen vermindert werden – die hohe Dosis war bei Bestrahlung durch die geschlossene Bauchdecke durch die anderen Organe hindurch nötig.

Das sei nur deshalb so breit erläutert, um das Logische an dieser Methode zu demonstrieren. Was sich daraus aber gar nicht logisch ergab, war diese Aussage: eine um 60 Prozent verbesserte Prognose.

Was bei dieser bisher geradezu chancenlosen Krebsart geradezu ungeheuer klingt: Von tausend Patienten überleben bisher zwei länger als fünf Jahre. Noch fünf Jahre vorher wäre es undenkbar gewesen, mit diesem Ergebnis an die Öffentlichkeit zu gehen: Die Klinik hatte diese Methode erst an einem einzigen Patienten erprobt und von ihm aus hochgerechnet. Das »Hochrechnen« sollte in der Wissenschaft öfter Einzug nehmen.

Was macht Ihr Gehirn mit Ihnen? Müssen Sie links oder rechts denken?

Spätestens seit ROGER W. SPERRY für seine Forschungen am zweigeteilten Gehirm 1981 der Nobelpreis für Physiologie und Medizin verliehen wurde, ist der Gedanke an die verschiedenen Aufgabengebiete der durch den Großhirnbalken verbundenen rechten und linken Gehirnhälfte salonfähig geworden. Wird dieser Balken getrennt – wie Sperry schon bei einem Tierversuch in den fünfziger Jahren nachwies und später bei Epilepsiepatienten beobachtete, denen diese Gehirnbrücke durchtrennt werden mußte –, so führen beide Gehirnhälften ein eigenständiges geistiges Leben, und die eine weiß nicht, was die andere gesehen hat.

Als Begründung für den Preis führte das Nobelkomitee an, Sperry sei es »in hervorragender Weise gelungen, die Geheimnisse der Hemisphären zu entschlüsseln«.

Seitdem weiß man, daß die linke Gehirnhälfte für die rechte Körperseite zuständig ist, und die rechte für die linke. Und man weiß auch in etwa, daß die linke Hemisphäre die nüchterne, logische, streng geordnete, vernünftige ist, die für Wort und Zahl zuständig ist und sich durch keinerlei Gefühlsduselei bestechen läßt. Und die rechte ist die gefühlsmäßige, schwärmerische, chaotisch geniale, in der die Bilder wohnen und die Phantasie – eine Riesenschublade, in der alles vorhanden ist, was man für den großen Überblick braucht. Nur finden tut man's oft nicht gleich.

Die beiden Großhirnhälften sind zwar durch den Balken Corpus callosum miteinander verbunden. Dort laufen an die 200 Millionen Nervenbahnen hin und her. Aber die so notwendige Kommunikation findet relativ selten statt, und meistens weiß die rechte nicht, was die linke denkt, und die linke interessiert das auch überhaupt nicht.

Eine große Ausnahme stellt das japanische Gehirn dar. Im Gegensatz zu Westmenschen ist bei Japanern das Großhirn anders ausgelegt. Japaner denken, seit Jahrhunderten von Sprache und Kultur geprägt, in einer ausgesprochenen

Links-Rechts-Ausgewogenheit. Das fängt schon bei der Schrift an, die aus Bilderbuchstaben besteht und daher auch die künstlerische rechte Gehirnhälfte beansprucht.

Japaner machen in ihrer linken Gehirnhälfte Wahrnehmungen, die der Westmensch nur in der rechten aufnehmen kann – Naturgeräusche, wie Vogelgezwitscher, Regentropfen, auch Lachen und Weinen.

Das hat der Tokioter Hals-Nasen-Ohren-Professor TADANOBU TSUNODA 1985 in seinem Buch »*The Japanese Brain*« (Das japanische Gehirn) mit dichotischen Hörtests nachgewiesen. Dabei werden einer Person gleichzeitig über zwei Kanäle mittels Kopfhörer unterschiedliche Informationen zugespielt und die Gehirntätigkeit elektroenzephalographisch gemessen. Langsame Alpha-Wellen weisen auf Entspannung einer Gehirnregion hin, schnelle Beta-Wellen auf »Denken«.

Damit wies Tsunoda nach, wie sehr sich die »Verdrahtung« japanischer Gehirne von den Gehirnen der Menschen aus westlichen Kulturkreisen unterscheidet. Japaner können für Tätigkeiten wie Musikhören beide Gehirnhälften einsetzen, der Westmensch hört Musik meist nur rechts. Japaner lesen ihre Bilderschrift mit links und rechts, der Westmensch hat sein Schriftverständnis links angelegt. Japaner, folgert Tsunoda, können Worte, Zahlen und Logik auch mit Gefühlen kombinieren.

Im September 1988 fand in München der Erste Internationale Kongreß über »Cerebrale Dominanzen« statt. Dort konnte der pfälzische Hypnosewissenschaftler CLAUS H. BICK anhand von farbigen Computerausdrucken von EEGs nachweisen, welche Gehirnhälften bei welchen Tätigkeiten den Denkdienst übernehmen.

Da wird es ganz deutlich sichtbar: Wer rechnet, rechnet links. Wer schwärmt, schwärmt rechts.

Und doch neigen Wissenschaftler dazu, solche Erkenntnisse als psychologischen Hokuspokus zu bezeichnen, und warnen eingehend davor, ihnen praktische Bedeutung zukommen zu lassen. »Hochrechnen« sollten sie! Denn das könnte eine Erklärung auch dafür sein, warum sich Männer und Frauen in bestimmten Situationen so verschieden verhalten.

Frauen, heißt es, reagieren emotionell, Männer nüchtern. Wenn ein Mann und eine Frau gemeinsam einen Regenbogen sehen, dann registrieren sie ihn tatsächlich verschieden. Beide empfinden ihn zwar als eine Farbenpracht, sehen ihn aber völlig anders.

Für *sie* ist das eine phantastische Laune der Natur – ein wunderschöner Brückenbogen, an dessen beiden Enden irgend etwas Geheimnisvolles sein kann. Vielleicht ist dort, wie der Volksmund sagt, wirklich ein Schatz vergraben. Für sie ist das wie eine Sternschnuppe, bei deren Anblick man sich etwas wünschen kann. Und im August, wenn so viele Sternschnuppen über den Himmel sausen, wird sie fast verrückt, weil sie mit den Wünschen gar nicht nachkommt.

Für *ihn* hat ein Regenbogen (und natürlich auch eine Sternschnuppe) klar definierbare physikalische Ursachen. Er sieht den Regenbogen so: Wenn die Sonne hinter ihm steht und auf eine Regenwand vor ihm scheint, dann leuchtet dieser Lichtbrechungsbogen mit einem bestimmten Radius eben in den Spektralfarben Violett, Indigo, Blau, Grün, Gelb, Orange und Rot – von innen nach außen, versteht sich.

Ihr ist das Wurscht, und sie sagt: Das ist desillusionierend.

Handfeste Unterschiede – oder doch wieder nur Spinnereien?

Die handfesten Unterschiede zwischen den beiden Geschlechtern hat 1972 der deutschstämmige englische Psychologe Prof. Dr. HANS JÜRGEN EYSENCK in einer Untersuchung für das britische Arbeitsministerium aufgelistet. Unterschiede, wie man sie täglich beobachten kann.

Demnach verstecken Frauen ihre Gefühle, Männer reden darüber. Klingt auf dem ersten Blick paradox, weil das Vorurteil der meisten Menschen in die entgegengesetzte Richtung geht: Frauen reden sich alles von der Seele, Männer sind in dieser Beziehung die großen Schweiger. Stimmt in einem Punkt überhaupt nicht. Denken Sie doch einmal an folgende Situation: Beim Beginn von Liebesbeziehungen ist es in den meisten Fällen der Mann, der seinerseits von Gefühlen und Zuneigung zu reden beginnt. Selten sind das die Frauen. Sie warten ja darauf, so etwas zu erfahren, bevor sie sich festlegen. So mancher junge Mann verzweifelt schon fast an der Sturheit seiner Angebeteten, weil er ihr solche Äußerungen nicht entlocken kann. Wenn sich diese Bereitschaft zu Gefühlsäußerungen später auch vielleicht ändert – dann ist wahrscheinlich sie es, die darüber redet –, in dieser Beziehung scheint doch Eysenck recht zu haben.

Frauen träumen von Freunden und Verwandten – im Schlaf, versteht sich. Männer von Fremden und Abenteuern. Da mag der Herr Professor vielleicht zu viel im Kino gewesen sein.

Frauen lachen über schmutzige Witze still in sich hinein, Männer lachen über solche Witze besonders laut. Na, da kennen Sie sicher auch eine Reihe von Frauen, die geradezu in schrilles Gewieher ausbrechen, wenn sie solche Witze hören.

Frauen gehen bei Zebrastreifen über die Straße, Männer überall dort, wo sie gerade sind. Mütter mit Kindern sicher, Väter mit Kindern auch. Und das gilt sicherlich für alle Personen beiderlei Geschlechts, die Vertrauen in Vorschriften haben und sich darauf verlassen, daß andere diese Vorschriften auch einhalten. Natürlich ist das auch trainingsbedingt. Ein Römer zum Beispiel – wollen wir es bei dem Plurale tantum belassen, das für »Römerinnen und Römer« steht? – schmeißt sich überall ins Verkehrsgetümmel. Wer in Rom darauf wartet – auch dort gibt es selbstverständlich die betreffenden Verordnungen –, daß sich ein Autofahrer Fußgängern gegenüber abwartend verhält, der entlarvt sich damit sofort als Fremder. In Rom stürmt man darauf los. Ein Fußgänger paßt dort noch allemal in die paar Millimeter, die ein

Autofahrer zu seinem Vordermann als Sicherheitsabstand hält. Oder: Wer amerikanische Filme genau verfolgt, wird gelernt haben, daß man dort prinzipiell die Straße überquert, indem man vor die Autos springt und sich im Notfall elegant über die Kühlerhaube des nächst erfaßbaren Autos abrollt. Das taten bisher nur die Männer. Wenn er das meint, dann hat Professor Eysenck recht.

Nächste Universalie: Frauen hören zu spielen auf, wenn sie gewonnen haben. Männer spielen weiter, weil sie an den großen Gewinn glauben und meinen, das sei erst der Anfang der großen Glücksserie.

Zwei Einzelbeispiele: Karin, eine ganz vernünftige haushalterisch rechnende Ehefrau und Mutter, mußte im berühmten Verspätungszentrum des Frankfurter Flughafens auf einen Weiterflug warten und kam an einem Spielautomaten vorbei. Der Zeitvertreib an dem einarmigen Banditen bedurfte nur weniger Handbewegungen, und verlockend klimpern tat es schon nach ein paar Einwürfen. Sie spielte, bis sie 70 Mark verspielt hatte. Ihr Mann war eine Woche früher in der gleichen Warteschleife, spielte ebenfalls an diesem Automaten, hörte bei einem Gewinn von 25 Mark auf und freute sich darüber wie ein Schneekönig.

Ich war ein einziges Mal in meinem Leben in einem Spielcasino. In Travemünde war's, ich weiß das noch ganz genau, weil mich das damals so verwirrte. Ich setzte so als Schnupperspieler zweimal – auf Rot und auf Schwarz. Die Kugel fiel weder da hin noch dort hin. Und da saß eine Dame von hübschem Äußerem und setzte ununterbrochen 300 Mark – mal auf Rot, mal auf Schwarz. Sie gewann, sie verlor, sie gewann, sie verlor. Sie verlor, sie verlor, sie verlor ... und setzte immer wieder weiter ihre 300 Mark.

Frauen knoten eine Schürze auf dem Rücken, hat Eysenck herausgefunden, Männer binden sie auf dem Bauch. Diese Erkenntnis bringt uns auch nicht weiter. Denn Frauen schließen sehr viele Kleidungsstücke hinten oder vorne und drehen sie dann nach hinten. Männer sind die Schließehandgriffe vorne gewohnt.

Frauen zünden Streichhölzer an, indem sie sie von sich weg über die Reibfläche schieben. Männer ziehen Streichhölzer zu sich heran. Das mag daran liegen, daß mehr Männer als Frauen rauch(t)en und im Wind das Zusichherziehen das Anzünden eines Rauchinstruments eher garantiert, weil die Flamme schneller daran kommt.

Frauen müssen kramen, Männer wollen alles auf einen Griff

Frauen, die etwas aus ihrer Handtasche holen wollen, suchen es durch Herumtasten. Männer blicken erst in die Tasche hinein. Das ist völlig klar. Viele Frauen haben eine eigenwillige Vorstellung von Ordnung (nicht die, die den Allgemeineindruck ihrer Ordentlichkeit betrifft – sondern das Ablegen von Dingen, die sie aufzubewahren gedenken), die eigentlich eines Gabelstaplers bedarf. Frauen legen in Mengen ab, und darin muß man eben erst wühlen, um einen gerade gewünschten Gegenstand ans Licht zu befördern. Männer haben's gern akkurat. Ein Griff, und es muß da sein. Aber vielleicht sind sie auch nur zu faul zum Suchen.

Frauen suchen erst vor der Haustür nach dem Schlüssel. Männer haben ihn dann längst in der Hand. Dieses Phänomen ist tatsächlich immer zu beobachten.

Liegt es daran, daß der Mann im Alltagsleben seines Berufes gelernt hat, daß er sich durch Widerstände nicht aufhalten lassen darf? Daß er gezwungen ist, alles, was sich ihm in den Weg stellt, schnell zu überwinden – und wenn es nur die simple Haustür ist? Weil er gelernt hat, keine Zeit zu verlieren, um nicht anderen Vorteile zu überlassen? Oder weil er die Höhle sucht, die Behutsamkeit, Geborgenheit sucht, um dem täglichen Alltagsstreß zu entfliehen? Weil die Frau ja wirklich nichts versäumt, wenn sie zu Hause ist, weil sie dort ohnehin keine besonderen Attraktionen erwarten?

Das weibliche Verharren vor der Haustür durch Hinauszögern der Schlüsselbeschaffung müßte eigentlich einmal gründlich untersucht werden.

Frauen schlafen in einer Nacht durchschnittlich 25 Minuten länger als Männer. Sie gehen – wenn sie Kinder haben – auf jeden Fall früher ins Bett, weil sie morgens wieder früher raus müssen und nachts möglicherweise Kinder-Bereitschaft haben. Ein stärkeres Schlafbedürfnis des weiblichen Organismus ist nicht nachgewiesen. Auch die bessere Koordination ihrer Neurotransmitterfunktionen 5 HT (Serotonin = Schlafstoff) und Noradrenalin (Wecker) wurde bisher nicht näher untersucht.

Frauen, fand Eysenck weiter, versuchen, in einer Bar möglichst nicht auf der Theke zu lümmeln. Männer legen sich fast drauf. Da sei zu bedenken, daß die meisten Barhocker so unphysiologisch konstruiert sind, daß je nach Temperament nur das eine oder das andere möglich ist.

Frauen sind im allgemeinen anpassungsfähiger als Männer. Ja, das können Männer auch wieder von den Frauen lernen. Aber da ist der Mann leider etwas umweltverblödet. Er muß sich den ganzen Tag – gegen seinen Stolz, und das macht für ihn die ganze Anpassung so ungemein schwierig – charakterlich ununterbrochen umpolen.

Frauen lassen sich da nicht sehr beeindrucken. Sie bewahren ihren Charakter auch nach außen und tragen ihn vor sich her wie eine Fahne.

Frauen haben mehr Angst vor Schmerzen als Männer, aber Frauen ertragen Schmerzen besser. Das ist so. Frauen schreien zwar früher »au!« (siehe oben), aber wenn es darauf ankommt, dann werden sie damit auch fertig. Das haben sie anscheinend von der Natur so mitbekommen. Schließlich müssen sie die Kinder kriegen. Das ist offenbar der wirkliche Maßstab.

Frauen schneiden bei Intelligenztests besser ab als Männer. Darüber könnten sich Wissenschaftler in einer zehnbändigen Enzyklopädie in die Haare kriegen. Auch darüber: Frauen sind geistig zwischen ihrem 30. und 40. Lebensjahr in Hochform, Männer zwischen 20 und 30.

Frauen suchen das Gemeinsame, Männer die Unterschiede

Frauen interessieren sich mehr für das, was Männer und Frauen gemeinsam haben, Männer für das, was sie unterscheidet. Wenn das stimmt, sehr geehrter Herr Professor, dann haben wir den wissenschaftlichen Beweis dafür, warum es zwischen den beiden Geschlechtern nicht weitergeht. Dann muß schleunigst ein Weg gesucht werden, die Männer davon zu überzeugen, daß die Frauen recht haben. Dann müssen die Frauen den Männern helfen. Denn nur die Gemeinsamkeit hält sie zusammen. Sonst geht nämlich nichts, und das ist für beide Teile unbefriedigend. Und zwar in jeder Beziehung.

Es fehlt nur noch, daß einer ausführlich darüber philosophiert: über den ganz wesentlichen Unterschied zwischen Männern und Frauen – einen sichtbaren, der das äußere Biologische noch unterstreicht: Männer tragen Hosen, Frauen Kleidungsstücke, die von unten her offen sind. Was ist denn das für ein Symbol? Ist weiblich unten offen, männlich unten zu?

Praktischen Wert scheint das keineswegs zu haben – im Gegenteil. Es ist kälter, macht medizinisch anfälliger. Oder soll die Frau als solche augenblicklich zu erkennen sein? Als was? Wozu? Als berocktes Zielobjekt zwischenmenschlicher Bedarfsweckung? Oder was da auch immer hineininterpretiert werden könnte.

Manchmal kommt einem das schon so vor, als würde uns einer von den 1 758 640 175 (eine Milliarde siebenhundertachtundfünfzig Millionen sechshundertvierzigtausend einhundertfünfundsiebzig!) Teufeln reiten, deren Anzahl der Satan-Experte des Vatikans, der 65jährige Monsignore CORRADO BALDUCCI, für sein Buch *»Der Teufel existiert, man kann ihm begegnen«* errechnet hat.

Davor sollen uns die himmlischen Heerscharen bewahren, bei denen es nach einem anderen geistlichen Herrn, dem 87jährigen Prälaten GIUSEPPE DEL TON, 99mal so viel Engel geben soll, als Menschen jemals auf der Erde gelebt haben und jemals leben werden.

Die Unterschiede zwischen den beiden Geschlechtern gibt es. Sie sind nicht wegzudiskutieren.

Der Züricher Biologe und Psychologe NORBERT BISCHOF stellt folgenden Vergleich an: »Angenommen, man hat zwei Computer der Firma A und B. Beide sind von verschiedener Machart, haben aber ein vergleichbares Komplexitätsniveau. Erfahrungsgemäß kann man jedes mathematische Problem, das sich auf dem einen lösen läßt, auch auf dem anderen bewältigen. Allerdings muß man die Programme verschieden schreiben. Wenn nun jemand argumentieren wollte, es sei antiemanzipatorisch, sich vorzustellen, die beiden Computer A und B seien verschieden gedrahtet, beide seien daher prinzipiell mit denselben Programmen zu beschicken, und zwar mit den Programmen von A, so dürfte er sich nicht wundern, wenn sich bei dieser Prozedur eine höchst unterschiedliche Leistungsfähigkeit der beiden Computer ergäbe, zuungunsten natürlich von B. Mit Mann und Frau könnte es sich ähnlich verhalten: Es käme darauf an zu wissen, ob sie gleich oder verschieden angelegt sind ...«

Die Unterschiede sind nicht so kraß, wie sie immer ausgelegt würden. Es seien Mehr-oder-weniger-Unterschiede, meint Bischof, daraus könne man kein Entweder-Oder machen. Es sei eben das eine Geschlecht in einer Eigenschaft etwas mehr ausgeprägt als das andere – und sie »überlappen« sich in vielem. Aber das gesellschaftliche Ordnungsbedürfnis leitet daraus nur zu gern die Forderung ab, jede Frau und jeder Mann habe sich eindeutig in solche Schablonen zu fügen. Bischof weiter: »Es ist recht gut verständlich, daß engagierte Vorkämpferinnen der Emanzipation bei dieser Lage der Dinge das Problem einfach dadurch zu lösen versuchen, daß sie den ... Sachverhalt leugnen. Wenn es keinerlei natürlich vorgegebene Geschlechtsunterschiede im Stärkeverhältnis irgendwelcher Verhaltenstendenzen gibt, so lautet die Rechnung, dann könne sich auch niemand darauf berufen, um diskriminierende Rollenzuweisungen damit zu legitimieren . . . Aus dieser Warte erscheint die Biologie als wesentlich antiemanzipatorisch.«

Das ist auch nicht durch Maßnahmen aus der Welt zu schaffen, die krampfhaft das Ziel verfolgen, generelle Änderungen herbeizuführen, wie Gleichberechtigung und Emanzipation. In dieser Sicht, wettert Bischof weiter, werde die Frauenbewegung »noch von einigen Soziologen bestärkt, die keine Gelegenheit ungenutzt lassen, das Ressentiment gegen lästige Konkurrenz im wissenschaftlichen Territorialkampf ideologisch auszuagieren.« Das Rezept »Konfliktbewältigung durch Realitätsverleugnung« könne nicht funktionieren.

Wir brauchen nicht diese falsch propagierte Gleichberechtigung zwischen Männern und Frauen, denn sie ist gar nicht nötig. Emanzipieren kann man sich nur in einer Situation, in der es darauf ankommt, daß zum richtigen Zeitpunkt die richtige Maßnahme gesetzt wird. Das gilt für Männer genau so gut wie für Frauen.

Wer in einer solchen Situation versagt hat, ist das nächste Mal darin nicht mehr zu gebrauchen.

Beide Geschlechter müssen sich in einer rationellen Wechselwirkung ununterbrochen den Bedürfnissen anpassen, die ihnen das tägliche Leben vorgibt.

Dann sind sie automatisch emanzipiert.

Ganz ohne Schlagwortdrescherei.

Sie müssen sich die Aufgaben teilen.

Die Unterschiede, die es zwischen Mann und Frau gibt, liefern genaue Hinweise, wie die Aufgaben verteilt werden können. Sie sind nichts Trennendes, sondern allenfalls Auflistungen von Fähigkeiten, aus denen sich klare Kompetenzen ableiten lassen.

Nehmen wir zum weiteren Vergleich die rabiaten alten Unterschiedemacher her. Deutlicher lassen sich bestimmte Fähigkeiten nicht darstellen.

Eines fällt allerdings immer wieder auf: Haben die Männer eigentlich immer Angst vor den Frauen gehabt? Es fällt weiter auf, daß seit jeher vor allem jene Charakterzüge, gegen die die Männer einfach hilflos sind, als typisch weiblich gelten.

Keiner ist jemals auf die Idee gekommen, diese Typisch-weiblich-Unterschiede einfach als herausragende Charakterzüge zu betrachten und sie positiv zu sehen. Dann würde ja die Frau über ganz erhebliche Fähigkeiten verfügen und könnte wesentliche Dinge des Lebens unvergleichlich besser als der Mann – vorausgesetzt natürlich, sie wendet ihr Expertentum in einer Partnerschaft nicht innerbetrieblich an und tyrannisiert damit den Mann.

Man muß nur die Äußerungen, die zu diesem Thema immer wieder gemacht wurden, sehr sorgfältig sortieren.

Was seit jeher am meisten lächerlich gemacht, worauf am meisten geschimpft wird, das sind in Wirklichkeit positive Fähigkeiten, die jede Frau in die Partnerschaft mit einem Mann einbringt, und zwar als Vorzüge, die der Mann richtig einschätzen sollte.

Was der weise Aristoteles alles vermurkst hat

Schon der griechische Philosoph und Naturwissenschaftler ARISTOTELES von Stageira (384 bis 322 vor Christus), der PLATON-Schüler und Erzieher ALEXANDERS DES GROSSEN, hat die ganze Palette von Stereotypen aufgefächert. In seiner »Historia animalium« definiert er die männlich-weiblichen Unterschiede so: »Das Weib neigt mehr zum Mitleid und zu Tränen als der Mann. Es ist neidischer, zänkischer und verleumderischer als dieser, leichter entmutigt und verzweifelt, weniger klug und in größerem Maße der Falschheit und dem Irrtum ausgeliefert. Die Frau besitzt ein besseres Erinnerungsvermögen als der Mann, sie ist wachsam, jedoch weniger aktiv und beweglich . . .«

Mitleid – wie kann das was Negatives sein? Tränen – was Negatives? Neidisch, zänkisch, verleumderisch – das kann ohne weiteres auf einen ganz gesunden Egoismus hindeuten und auf die Fähigkeit, die Dinge, die man sich in den Kopf gesetzt hat, auch wirklich zu bekommen, und das Erworbene dann mit allen Mitteln zu verteidigen.

Mit »leichter entmutigt und verzweifelt und weniger klug«, da irrt Ari, der Vater der Logik. Es ist längst erwiesen, daß das nicht stimmt. Frauen denken zwar anders als Männer (siehe Seite 52), kommen aber nachweislich zum gleichen Gesamtergebnis.

Und wenn Ari den Frauen vorwirft, sie seien leichter entmutigt (und verzweifelt), dann hat er eines nicht bedacht: Sie haben vielleicht mehr Vertrauen in eine Person oder eine Sache investiert als die anderen und sind dann enttäuscht. Wer nicht vertraut, den überrascht auch Negatives nicht, der ist eben nicht so leicht entmutigt. Und wer im Leben wachsam ist, der braucht natürlich auch weniger aktiv und beweglich zu sein. Der hat sich schon vorher abgesichert.

Der physiologische Schwachsinn des Weibes – das Verrückteste stammt von einem Nervenarzt

Aber jetzt kommen wir wirklich nicht mehr darum herum, nach langer Zeit wieder einmal den alten MÖBIUS aufzuwärmen. Allerdings ganz anders, als ihm lieb wäre. Jenen Leipziger Nervenarzt Dr. PAUL MÖBIUS, der 1899 unter Aufheulen der Massen beiderlei Geschlechts in CARL MARHOLDS *»Sammlung zwangloser Abhandlungen aus dem Gebiete der Nerven- und Geisteskrankheiten«* über die Frauen sinnierte unter dem Titel: *»Über den physiologischen Schwachsinn des Weibes«.*

Der Neurologe Möbius gilt zwar auch als Entdecker der nach ihm benannten Möbius-Krankheit, der Migraine ophtalmique. Mit diesem Augenflimmern-Halbseitenkopfschmerz steht er zwar in jedem Fachlexikon, aber damit ist er bei weitem nicht so berühmt geworden wie mit seiner Schimpftirade auf die Frauen.

»Wären die Weiber so klug, wie ich es wünsche«, schrieb er in seinem Vorwort zur fünften, veränderten Auflage zu Weihnachten 1902, »so könnten sie das ganz gut verstehen.«

Nur: Dazu gehört schon ein starker Magen!

Möbius über den weiblichen Instinkt und ein paar andere ungeheure »weibliche Eigenthümlichkeiten«, die ihm offensichtlich alle ein Dorn im Auge waren – zum Gaudium sei das ausführlich zitiert, es eignet sich zum lauten Vorlesen im heiteren Kreise von Menschen, die das Skandalöse seiner »Feststellungen« von der komischen Seite zu nehmen verstehen:

»Der Instinkt macht das Weib thierähnlich, unselbständig, sicher und heiter. In ihm ruht ihre eigenthümliche Kraft, er macht sie bewundernswerth und anziehend. Mit dieser Thierähnlichkeit hängen sehr viele weibliche Eigenthümlichkeiten zusammen. Zunächst der Mangel eigenen Urtheils. Was für wahr und gut gilt, das ist den Weibern wahr und gut. Sie sind streng conservativ und hassen das Neue, ausgenommen natürlich die Fälle, in denen das Neue persönlichen Vortheil bringt, oder der Geliebte dafür eingenommen ist ... Aller Fortschritt geht vom Manne aus. Deshalb hängt das Weib vielfach wie ein Bleigewicht an ihm ... Sie sind vom Herzen ungerecht, sie lachen innerlich über das Gesetz und verletzen es, sobald die Furcht oder die Dressur das zulassen. Dazu kommt die Heftigkeit der Affecte, die Unfähigkeit zur Selbstbeherrschung. Eifersucht und verletzte Gefühle oder unbefriedigte Eitelkeit erregen Stürme, denen kein moralisches Bedenken Stand hält. Wäre das Weib nicht körperlich und geistig schwach, wäre es nicht in der Regel durch die Umstände unschädlich gemacht, so wäre es höchst gefährlich ... Die Zunge ist das Schwert der Weiber, denn ihre körperliche Schwäche hindert sie, mit der Faust zu fechten, ihre geistige Schwäche läßt sie auf Beweise verzichten, also bleibt nur die Fülle der Wörter. Zanksucht und Schwatzhaftigkeit sind jederzeit mit Recht zu den weiblichen Charakterzügen gezählt worden ... vielleicht läßt sich das verstehen, wenn man an die Uebungsspiele der Thiere denkt. Die Katze jagt hinter dem Ball her und übt sich dabei für die Mäusejagd, das Weib übt ihre Zunge während des ganzen Lebens, um zum Redekampfe gerüstet zu sein ...«

Na? Zuviel versprochen?

Nun zum Männerfang. Möbius, der Neurologe, weiß natürlich auch, wie sich ein Mädchen an den Mann ihrer Wahl heranmacht. Mit Schwung und Elan, geradezu generalstabsmäßig. Denn: »Der Geist der Jungfrau ist erregt, feurig, scharf.«

Möbius über ihre Strategie: »Die ganze Bedeutung des weiblichen Lebens hängt davon ab, daß das Mädchen den rechten Mann erhalte. Auf diesen Moment, als Höhepunkt des Lebens, sind alle Kräfte gerichtet, und alle Geistesfähigkeiten werden auf das eine Ziel concentrirt... Wenn die Jungfrau dem jungen Manne begegnet, ist sie in der Lage eines Feldherrn, der dem feindlichen Heere entgegenzieht. Jetzt gilt's, von wenig Augenblicken kann alles Weitere abhängen. Aber auch außer Gefecht... ist die Jungfrau einer mobil gemachten Truppe zu vergleichen. Sie trägt die Kriegsgarnitur, sie ist jederzeit auf Posten und schlagfertig... Das Mädchen ereifert sich für Dinge, die sie gar nichts angehen, interessirt sich, zum Theile allerdings nur dem Scheine nach, zum Theile aber ernstlich, für alle möglichen Sachen, urtheilt, streitet, kurz sie erscheint als geistvoll und in Liebesangelegenheiten oft als genial. Nun heirathet sie und nach kurzer Zeit wird sie eine Andere. Aus dem feurigen, oft glänzendem Mädchen wird eine schlichte harmlose Frau ...«

Es ist bedauerlicherweise – zur Abrundung des Bildes über jenen Herrn Möbius – nicht mehr festzustellen, mit welchen persönlichen Beobachtungen und Erfahrungen er seine Thesen untermauert hat.

Seine negative Einstellung ist jedoch noch nicht – wie man annehmen sollte – völlig überlebt. In gemilderter Form trifft man sie auch noch bei heutigen Autoren an.

Jede graue Maus, stellt der englische Verhaltensforscher DESMOND MORRIS fest, kriegt jeden Mann herum, den sie nur will. Und es ist nicht auszuschließen, daß sie dabei exakt so vorgeht, wie es Möbius vor neunzig Jahren so erbost geschrieben hat.

Frauen denken wirklich anders

Einen höchst interessanten, ja vielleicht den von seiner möglichen Bedeutung her wichtigsten Geschlechtsunterschied haben amerikanische Wissenschaftler erst 1981 gefunden: im Gehirn. Das könnte der Hinweis darauf sein, daß Frauen tatsächlich anders denken als Männer, weil sie im Kopf in einer bedeutsamen Kleinigkeit anders angelegt sind.

Der Unterschied liegt im Corpus callosum – dem Großhirnbalken in der Mitte unseres Schädels, in dem ein dickes Bündel von Nervenbahnen die linke und die rechte Gehirnhälfte miteinander verbindet.

Diese Nervenbrücke, mit mehr als 200 (zweihundert) Millionen Nervenfasern verrohrt, ermöglicht zwischen den beiden Hemisphären eine ununterbrochene Kommunikation und Koordination.

Jede der beiden Gehirnhälften ist – weil sich die Nervenbahnen von und zur Gehirnrinde auf die Gegenseite kreuzen – für die gegenüberliegende Körperhälfte zuständig: die linke für die rechte Körperseite, die rechte für die linke. Von dort erhalten sie pausenlos Informationen, und dort kontrollieren und koordinieren sie die verschiedensten Aktivitäten, die der Mensch so 24 Stunden Tag und Nacht bewußt oder unbewußt setzt. Man muß sich nur einmal vorstellen, was sich im Gehirn allein bei einer primitiven Tätigkeit wie beim Gehen alles abspielt: Hirn-rechts-Fuß-links, Hirn-links-Fuß-rechts, Hirn-rechts-Fuß-links, Hirn-links-Fuß-rechts, rechtslinks, linksrechts, rechtslinkslinksrechtsrechtslinkslinksrechts... Und wer stolpert, sollte darauf achten, mit welchem Fuß das passiert. Dann weiß er, welche Gehirnhälfte gerade geschlafen hat.

Außerdem ist jede Gehirnhemisphäre als Wahrnehmungs- und Steuerzentrale zuständig für ganz bestimmte Aufgabengebiete. In der linken Gehirnhälfte sitzt die Verantwortung für: Verstand, Logik, Analyse, Sprache, Lautbildung bei Konsonanten, Berechnung, Kontrolle, der Sinn fürs Realistische.

Und in der rechten untergebracht sind die Abteilungen für: Gefühl, das Musische, den Sinn für Schönes, Lautbildung bei Vokalen, Spekulation, Neugier, das Spielerische, den Hang fürs Risiko, Phantasie, Liebe, Vertrauen, Glück und Trauer, Lachen und Weinen.

Der Großhirnbalken, über den das alles koordiniert wird, ist bei Frauen anders als bei Männern. Die Neurologen CHRISTINE DE LACOSTE-UTAMSING von der University of Texas, Dallas, und RALPH L. HOLLOWAY von der New Yorker Columbia University haben als erste nachgewiesen, daß das Splenium des Corpus callosum – das verdickte hintere Ende des Hirnbalkens – sich bei Frauen deutlich von dem der Männer unterscheidet: in Form, Größe und Oberfläche.

Bei Frauen ist der Wulst am Ende größer und knolliger als bei Männern, bei denen eine gleichbleibende, zylindrische Stärke festgestellt wurde.

Was das genau bedeuten könnte, darüber wollten die beiden Wissenschaftler nur spekulieren. Tierversuche an Katzen, Rhesusaffen, Schimpansen und Erkenntnisse aus Operationen an Menschen haben die Rolle des Spleniums im Gehirn entschlüsselt. In diesem Teil des Großhirnbalkens findet zwischen den beiden Gehirnhälften der Austausch visueller Informationen statt. Wie beim Kinderspiel »Ich seh' etwas, das du nicht siehst.«

Wenn man davon ausgeht, schließen die Forscher, daß ein größeres Splenium auch darauf hindeutet, daß eine größere Anzahl von Nervenfasern diese Hemisphärenverbindung versorgt, dann ließe sich daraus weiter schließen, daß Frauen bei visuellen Wahrnehmungen zwischen Links- und Rechtshirn hin- und herschalten. Und das wieder sei ein Hinweis, daß Frauen weniger gehirnhälftenspezialisiert sind als Männer –

zumindest, was das räumliche Sehvorstellungsvermögen betrifft.

Mehr ließe sich vorerst aus diesen Untersuchungen nicht ableiten. Die Zahl der Untersuchten, die am gerichtsmedizinischen Institut in Dallas obduziert wurden, war zu gering: neun männliche und fünf weibliche »normale« Gehirne. Aber genau das war ein großer Schritt vorwärts. Das schien der anatomisch-biologische Beweis für die schon lange gemachte Beobachtung, warum Männer bei Raum-Seh-Tests bessere Ergebnisse erzielen als Frauen. Und für die bisher nur mit EEGs untermauerte Vermutung der Gehirn-Dominanzen bei Männern.

Diese Erkenntnis würde auch beweisen, daß Männer in ihren Gehirnhälften spezialisiert sind, Frauen aber bei Denk- und Steuerungsvorgängen nicht allein auf eine einzige Gehirnhälfte angewiesen sind, sondern auch die Hilfe der anderen in Anspruch nehmen können.

In der medizinischen Behandlung von Schlaganfällen ist seit längerem bekannt, daß Männer, bei denen das Sprachzentrum in der linken Gehirnhälfte geschädigt war, nie wieder sprechen lernen.

Frauen hingegen erlangen diese Fähigkeit innerhalb eines Jahres wieder – bei ihnen übernimmt die andere Seite des Gehirns diese Aufgabe.

Daß Frauen auch bei ganz normalen Denkvorgängen ihre rechte Gehirnhälfte zu Hilfe nehmen, wenn die linke zur Lösung einer Aufgabe allein nicht imstande ist, bestätigten Untersuchungen am Institut für Hirnforschung an der österreichischen Akademie der Wissenschaften und am Institut für Neurophysiologie an der Universität Wien.

Dort haben Professor Hellmuth Petschke und Privatdozent Peter Rappelsberger einmal an 33 männlichen und 35 weiblichen und dann an 30 männlichen und 34 weiblichen (rechtshändigen) Studenten mit EEG-Untersuchungen folgendes nachweisen können:

Den Testpersonen wurde ein populärwissenschaftlicher Zeitungsartikel in die Hand gedrückt, und sie sollten ihn eine Minute lang still lesen und nachher über den Inhalt referieren.

In einem zweiten Versuch bestand die Aufgabe darin, eine Minute lang mit geschlossenen Augen Kopfrechnungen durchzuführen.

Sowohl beim Lesen als auch beim Rechnen zeigten sich bei den Studentinnen Gehirntätigkeiten auch in Sektionen, wo sie eigentlich gar nichts zu suchen hatten – nämlich in der rechten Gehirnhälfte.

Waren die Testpersonen aufgefordert, sich mit geschlossenen Augen auszuruhen, dann fand bei den Männern mehr Informationsaustausch zwischen den beiden Gehirnhälften statt als bei den Frauen.

Wenn die Frauen allerdings die Augen wieder aufmachten, zeigten *sie* mehr kombinierte Links-Rechts-Gehirnaktivitäten als die Männer.

Was immer das bedeuten mag – auch über diese Untersuchungsergebnisse wollen die Wissenschaftler keine Spekulationen anstellen. Aber man wird doch eines Tages klären müssen, ob Männer nicht zur Ruhe kommen, weil sie dauernd grübeln, und ob Frauen die angeborene Gabe haben, richtig abschalten zu können.

Aber eines schließen die Wiener Wissenschaftler schon aus ihren Untersuchungen: Haben Frauen einmal die Augen offen, dann können sie ihre visuelle Umwelt besser einer kritischen Betrachtung unterziehen, als Männer dazu jemals in der Lage sind.

Meine Herren, das heißt ganz eindeutig: früher aufstehen! Und: flexibler sein.

Machen Sie sich erst einmal frei im Kopf!

Sich in einer Partnerschaft die Arbeit zu teilen, empfiehlt sich schon aus Gründen der Rationalisierung. Das spart nicht nur Zeit und Geld, sondern schafft auch ein angenehmes Betriebsklima. Vorausgesetzt natürlich, derjenige, der die Arbeit übernimmt, versteht auch was davon – denn sonst dauert es doppelt so lang, bis der erwünschte Erfolg erzielt ist. Und teuer kann es unter Umständen auch werden. Sich mit jemanden in eine Arbeit zu teilen, nur so aus Gründen der Beschäftigungstherapie oder aus falsch verstandener Gleichberechtigung, das ist auf jeden Fall zu vermeiden. Das schafft doppelten Streß.

Durch Aufgabenteilung will man sich ja das Leben erleichtern – einen freien Kopf bekommen für die anderen schönen Dinge des Lebens. Sie müssen sich das einmal so vorstellen – die heute so modernen Frauen können das jedem Mann mit diesem Beispiel erklären: Bei einem Computer muß man erst einmal einen Speicher löschen, bevor man sich dort mit anderen Dingen beschäftigen kann.

Also: Speicher »Alltagskram« löschen, und der Kopf wird im richtigen Sektor frei. Dort können sich jetzt die Luxustriebe entwickeln. Sich Wünsche erfüllen, zum Beispiel. Den nach den tollen Schuhen, um die Sie schon lange am Geschäft entlangschleichen und die Sie nur noch nicht gekauft haben, weil sie Ihnen zu teuer erschienen. Oder den nach der schönen Soundso-Uhr, die Sie inzwischen schon an Ihrer am Schaufenster plattgedrückten Nase erkennt.

Natürlich werden Sie nicht gleich hineinspringen und die Wunschobjekte ruck, zuck erwerben. Aber Sie werden die Muße finden, sich vor dem Schaufenster die Frage zu überlegen: Wenn einem etwas wirklich so gefällt, wie man glaubt, dann ist es garantiert sein Geld wert. Und ganz genau überlegt: Verglichen mit dem individuellen Wert, den ein Gegenstand für Sie hat, ist er sogar geradezu geschenkt. Was Sie jetzt unternehmen, hängt davon ab, ob Sie den Geizkragen in sich überrumpeln können. Oder er Sie: Er kann Ihnen bekanntlich in Null Komma nichts einreden: gefällt mir nicht mehr. Dann ist Ihr Wunsch-Problem auch gelöst. Und ein Luxustrieb erfüllt.

Einen ganz anderen, aber um so lebenswichtigeren Luxustrieb hat der Wiener Neurologe und weltberühmte Parkinson-Experte Prof. Dr. WALTHER BIRKMAYER einmal in einer launigen Eröffnungsansprache zu einem internationalen Ärztekongreß angesprochen: Sex. Auch dabei funktioniert nichts, wenn nicht die richtigen Voraussetzungen gegeben sind.

Diesen freien Kopf füreinander kann man sich einrichten, wenn man sich die Aufgabe teilt, die in einer Partnerschaft immer wieder auftreten und zu lösen sind. Das hat mit Gleichberechtigung und Emanzipation überhaupt nichts zu tun, weil es dieser Problem-Schlagworte gar nicht bedarf.

Das Thema Gleichberechtigung ist in ein falsches Fahrwasser geraten, das Schiff ist nach zahlreichen sinnlosen Manövern manövrierunfähig.

Die amerikanische Biologieprofessorin ANNE FAUSTO-STERLING meint zwar: Eine Version der amerikanischen feministischen Visionen sieht eine Welt der völligen Gleichberechtigung voraus. Und schränkt aber auch ein: Das zusammengesetzte biologische Bild – dasjenige, das sich aus der Projektion von Mann und Frau ergibt – läßt eine solche Welt nicht zu.

Die Militanten unter den Feministinnen haben in ihrer Rage das Ihre dazu beigetragen. Aber jetzt, haben sie »der Frau« mitgeteilt, bist du frei. Sie haben eine neue Ära eingeläutet – als wäre die Frau bisher der letzte Dreck gewesen und finge nun erst an, ein Mensch zu sein. Der Mann, der Pascha, der Patriarch, der Ausbeuter, der arrogante Unterdrücker sei in die Ecke gestellt und solle sich gefälligst etwas einfallen lassen, um sich bei der »neuen Frau« zu emanzipieren. Der »neue Mann« ist gefordert. So sei's getrommelt und gepfiffen. Sie ballen die Faust und schreien: Wir wollen Frieden.

Diese Art von Revolution erinnert ein wenig daran, wie der *Alexis-Sorbas*-Schöpfer NIKOS KAZANTZAKIS in seinem Buch »*O Kapetanos Michalis*« (deutscher Titel: »*Freiheit oder Tod*«) seine aufmüpfigen Kreter schildert: »Es gibt Völker und Menschen, die zu Gott mit Gebet und Tränen rufen, oder in zuchtvoller, vernünftiger Selbstbeherrschung, oder ihn auch lästern. Die Kreter riefen zu ihm mit dem Gewehr. Sie standen vor Gottes Tor und gaben Flintenschüsse ab, damit er sie höre ... ›Geduld, Vernunft, zieht mich in kein Blutvergießen!‹ flehte Bettelmutter Hellas und zitterte. ›Freiheit oder Tod!‹ antworteten die Kreter und lärmten vor Gottes Tür.«

So wurde ein Emanzipationsversuch zum Problem der Frau

Wie weit falsch verstandene Emanzipation gehen kann, schilderte der amerikanische Psychologe ROY G. D'ANDRADE von der kalifornischen Stanford University. Er zitiert in seiner Arbeit *»Sex Differences and Cultural Institutions«* die Untersuchung des Harvard-Soziologen MELFORD E. SPIRO über das totale Scheitern eines Emanzipationsversuches im israelischen Kibbuz Kiryat Yedidim (*»Kibbutz – Venture in Utopia«*, 1956). Darin schildert Spiro das eigentliche »Problem der Frau«.

»In einer Gesellschaft, in der die Gleichberechtigung der Geschlechter eine fundamentale Voraussetzung und die Emanzipation der Frau das Hauptziel ist, muß die Tatsache, daß es ein ›Problem der Frau‹ gibt, analysiert werden.«

Man ging davon aus, daß die Frau in der bürgerlichen Gesellschaft dem Mann untergeordnet und an Haus und Familie gefesselt ist. Diese ›biologische Tragödie der Frau‹ zwang sie zu niedrigen Arbeiten wie Saubermachen, Kochen und anderen häuslichen Pflichten und hielt sie davon ab, ihren Platz einzunehmen an der Seite des Mannes auf den Feldern, in der Werkstatt, im Labor und der Schule.

In der neuen Gesellschaft sollte sich das alles ändern. Die Frau soll durch kollektive Einrichtungen von ihren häuslichen Belastungen befreit werden und als gleichwertiger Partner an den Aktivitäten des Mannes teilnehmen. Der gemeinsame Speisesaal sollte sie vom Kochen befreien, der gemeinsame Kindergarten von der Erziehung der Kinder, die kleinen Räume vom Saubermachen.

Rein formell hat das Kibbuz diese Aufgabe erfolgreich gelöst. Was aber die Emanzipation betrifft, die im Kibbuz praktiziert wurde, haben die Frauen eine leidvolle Erfahrung gemacht: Sie wünschten, sie wären nicht emanzipiert worden.

Fast jedes Paar, das den Kibbuz wieder verließ, ging, weil die Frau unglücklich war. Und die Frau eines Führers der Kibbuz-Bewegung erklärte öffentlich: Die Kibbuz-Frauen haben nicht erreicht, was sie sich ursprünglich erhofft hatten. Sie persönlich bekannte – nach dreißig Jahren in Kiryat Yedidim –, ihr Leben sei eine einzige Enttäuschung.

Der Grund: Die Frauen waren mit ihren Rollen im ökonomischen Gesamtgefüge äußerst unzufrieden. Als die Vattikim ursprünglich das Land besiedelten, gab es keine Geschlechtsunterschiede bei der Arbeit. Männer wie Frauen arbeiteten auf den Feldern, fuhren Traktoren. Männer wie Frauen arbeiteten in der Küche und in der Wäscherei. Männer wie Frauen, davon ging man aus, seien gleichwertig und erfüllen ihre Aufgaben gleich gut. Aber bald stellte sich heraus, daß Männer und Frauen doch nicht gleich waren.

Aus naheliegenden biologischen Gründen hatten Frauen nicht die physische Leistungsfähigkeit der Männer. Traktor fahren, ernten und andere schwere Arbeiten war zu schwer für sie. Darüber hinaus waren sie zeitweise gezwungen, selbst die Arbeit vorübergehend zu verlassen, zu der sie befähigt waren. Eine Schwangere konnte selbst im Gemüsegarten nicht zu lange arbeiten. Und eine Mutter, die ihren Säugling stillt, muß in der Nähe des Kinderhauses arbeiten, damit sie ihr Baby rechtzeitig füttern kann.

Je länger der Kibbuz bestand, desto mehr Geburten gab es. Immer mehr Frauen waren gezwungen, die »produktiven Wirtschaftszweige« zu verlassen und »Service-Jobs« zu übernehmen. Die produktiven Arbeitsplätze mußten aber besetzt werden – und sie wurden durch Männer besetzt. Das Ergebnis war, daß die Frauen sich in jenen Jobs wiederfanden, von denen sie eigentlich befreit werden sollten.

Was den herkömmlichen Haushalt in diesem Kibbuz ersetzen sollte, war der organisierte und spezialisierte Haushalt – also noch mehr Haushalt. Anstatt für Kochen *und* Nähen *und* Waschen *und* Kindererziehung zuständig zu sein, mußten die Frauen in Kiryat Yedidim kochen *oder* nähen *oder* waschen *oder* Kinder erziehen.

»Diese neue Form von Haushalt«, schließt Spiro, »ist langweilig, eine äußerst undankbare Aufgabe, und hat die Frauen zutiefst enttäuscht.«

Wie eine tolle Idee kaputtgemacht wird

Diese Art von angestrebter Gleichberechtigung ist zwangsläufig ein Schlag ins Wasser. Das kann nie funktionieren, das ist eher Belastung für die Partnerschaft. Es geht einfach nicht darum, daß jeder alles machen soll oder darf, sondern zwei Partner müssen sich die Aufgaben teilen. Wer etwas besser kann, der macht es eben.

Aber leider gibt es auch bei der Aufgabenteilung das falsche Geschrei. Männer sollen im Haushalt helfen, heißt die Parole. Kaum eine Umfrage zum Thema Gleichberechtigung geht an diesem Pseudoproblem vorbei. Bei Fernsehstraßenbefragungen hört man es zum Überdruß: »Würden Sie Ihrer Frau beim Geschirrabwaschen helfen?« Natürlich, sagen die Männer.

Und selbstverständlich würden sie auch bügeln, wenn sie es könnten. Sie würden sich – wie es die Frauen ja auch machen – eben einen Walkman aufsetzen und die stupide Arbeit verrichten. Und es nicht einmal als Hohn empfinden, wenn ihnen dabei Rainhard Fendrich das Lied *»Macho Macho«* ins Ohr dudelt.

Und trotzdem: Die so heftig geforderte Mithilfe im Haushalt garantiert noch lange nicht, daß diese Bereitschaft allein irgendwelchen Repariereffekt auf lädierte Partnerschaften hat.

Man sollte zwar annehmen, daß das heute doch – bitte schön! – wirklich jedem bewußt ist. Und doch verbeißt sich die sogenannte öffentliche Meinung in diesen Unsinn.

Die deutsche *Bild-Zeitung* hat im Januar 1989 eine Untersuchung des Gewis-Instituts veröffentlich, die natürlich noch einmal in diese Kerbe haut:

1988 verließen in der Bundesrepublik 160 000 Frauen ihren Ehemann. 1 031 von ihnen wurden nach ihren Gründen befragt. Und jetzt kommt's – Titelzeile: »Weggelaufen – Männer helfen zuwenig im Haushalt.«

Geschirrabwaschen hat noch keine Ehe gerettet

Danach beschwerten sich 53 Prozent der Frauen, daß ihr Mann nicht genügend im Haushalt geholfen habe. Mehrfachnennungen waren möglich: 67 Prozent gaben sexuelle Probleme an, 45 Prozent egoistisches Freizeitverhalten der Männer, 37 Prozent finanzielle Schwierigkeiten, 35 Prozent waren enttäuscht, daß der Mann ihre Freunde und Verwandten nicht akzeptierte, 24 Prozent der Ehen scheiterten am Alkohol, 19 Prozent daran, daß er sie geschlagen hat. 64 Prozent der Frauen hatten zur Zeit der Befragung bereits einen neuen Partner.

Die gleiche Untersuchung listete natürlich auch auf, warum 1988 rund 60 000 Männer in der Bundesrepublik ihren Frauen wegliefen: 73 Prozent meckerten ihre Frauen zu viel. Auch hier waren Mehrfachnennungen möglich. 65 Prozent nannten sexuelle Probleme, 59 Prozent fühlten sich vernachlässigt, 54 Prozent fanden eine jüngere Frau, 38 Prozent war die Ehefrau zu dick, 31 Prozent zu verschwenderisch, 29 Prozent zu schlampig, 12 Prozent kochte sie nicht gut genug.

Aber: Aus der Umfrage geht nicht hervor, ob auch nur ein einziger Mann seiner Frau davongelaufen ist, weil er im Haushalt helfen mußte. Oder sind das gar jene 73 Prozent, denen die Frau zu viel meckerte – weil sie nicht im Haushalt mithalfen?

Aufgabenteilung ist etwas ganz anderes. Das kann bis zum Rollentausch gehen – der Mann erledigt die Dinge, die landläufig der Frau zugeschrieben werden, und die Frau die bisher typisch männlichen. Es kommt eben einzig und allein darauf an, wer wann der Indianer ist, der Spezialist, der die Dinge im gegebenen Fall besser kann.

Frauen können besser verhandeln, aber Männer bestehen auf ihrem Recht

Frauen können zum Beispiel besser verhandeln. Dabei muß man allerdings das System berücksichtigen, in dem man sich zu bewegen gedenkt. Zum heutigen Zeitpunkt wird noch kein Unternehmen auf die Idee kommen, eine weibliche Führungskraft mit einem Geschäft zu betrauen, das mit der islamischen Welt zu tun hat. Möglicherweise wird BENAZIR BHUTTO einmal etwas daran ändern können, Pakistans neugewählte Regierungschefin – die erste Frau im Islam übrigens, der die Eroberung einer solchen Führungsrolle gelungen ist.

Auch ist es wenig ratsam für einen frisch aufs tiefste Land übersiedelten Stadtmenschen, seine Frau oder Mutter zum Nachbarn zu schicken, um ihn um die Gefälligkeit zu bitten, aus Ersparnisgründen einen Strommast auf seinem Grundstück aufstellen zu dürfen. Dieses Unternehmen wird scheitern, wenn es zur Tradition dieses Landstrichs gehört, daß solche Verhandlungen Männer miteinander führen. Der Stadtmensch wird für seine Unachtsamkeit einen meilenweiten Umweg machen müssen mit seiner Stromleitung. Aber das hätte er wissen können.

Die weiteren unangenehmen Dinge des täglichen Lebens sollte man aber doch besser Frauen aushandeln lassen. Nein, nein – nicht, weil's bequemer ist. Es geht nur wesentlich schneller. Männer neigen dazu, unangenehme Dinge hinauszuzögern, weil sie einmal im Leben die Erfahrung gemacht haben, daß sich viele Dinge von selber erledigen.

Frauen wissen, daß das nicht so ist. Vielleicht haben sie noch nie die Chance gehabt, so eine Erfahrung überhaupt zu machen. Eine Frau setzt sich nicht an die Biegung des Flusses und wartet darauf, daß ihre toten Feinde vorbeischwimmen. Von dieser alten Indianerweisheit hält sie nichts. Sie kratzt ihnen gleich die Augen aus.

Frauen haben ein ungeheures Talent, sich bei einem Geschäft, bei dem es keinerlei irgendwie geartete Ansprüche gibt, Vorteile herauszuhandeln. Da kann man sich nur wundern. Während Männer sich leicht abwimmeln lassen, weil sie leicht zu der Meinung neigen: das führt eh zu nichts, geht eine Frau stur auf ihr Ziel los und läßt sich durch nichts von ihrem Vorhaben abbringen. Ein Vorteil kommt ihr dabei natürlich zugute: Sie leidet nicht so sehr an Mißerfolgen wie der Mann – bei ihm kann schon der kleinste Mißerfolg dazu führen, daß das ganze Unternehmen in die Binsen geht. Sein Geradeauskonzept ist dann nämlich gestört. Eine Frau läßt sich dadurch nicht sehr beeindrucken, sie nimmt eben die nächste Umleitung. Ihr gilt ein Entgegenkommen manchmal als goldener Mittelweg und nicht als fauler Kompromiß. Mit der ganz gewöhnlichen Mafia wird sie besser fertig. Sie wird aus solchen Verhandlungen mit einem Erfolg nach Hause kommen. Wahrscheinlich wird sie dabei sogar noch pfeifen. Und weh getan hat sie keinem. Der Vorteil, den sie sich beschafft hat, lag im Ermessungsspielraum des Gegners. Und dort hat sie ihn ein wenig herumgehetzt, bis er ein Stück Terrain aufgegeben hat. Männer kann sie sowieso um den Finger wickeln – die setzen ihr dabei auch gar nicht viel Widerstand in den Weg. Und mit Frauen »redet sie sich zusammen«. Und wenn sie einander am nächsten Tag nicht mehr grüßen.

Wenn es aber um Dinge geht, die irgendwie geregelt sind, wo es Vorschriften gibt, dann soll das der Mann erledigen. Da kennt er sich aus. Mit Vorschriften und Regeln umzugehen, und seien sie noch so dumm, das hat er sein Leben lang gelernt. Da ist er Experte. Da fährt ihm keiner an den Karren. Da entwickelt er eine Sturheit, die unübertrefflich ist. Meistens wird er aus solchen Auseinandersetzungen auch als Sieger hervorgehen.

Er ist nicht so konziliant wie die Frau, daß er einlenkt und Konzessionen macht in der Hoffnung, zu einem besseren Ergebnis zu kommen.

Frauen halten nichts von Vorschriften, Männer können ohne sie nicht leben

Aber ganz so konziliant ist eine Frau auch wieder nicht, wenn zum Beispiel einer sich bei ihr beschwert, weil sie sich im Supermarkt an der Kasse vordrängt – in dieser Disziplin sind Frauen Weltmeister und werden nur noch von Kindern übertroffen, die in wenigen Minuten kilometerlange Schlangen vor Schiliften hinter sich bringen; oder wenn sie aus Ärger, daß jeden Sonntag ihre Abo-Zeitung verschwunden ist, einen beleidigenden offenen Brief an die Mitbewohner des Mietshauses an die Gemeinschaftsbriefkastenwand klebt und praktisch jeden im Haus beschuldigt, ihr Sonntag für Sonntag die Zeitung zu stehlen – dann wehe dem, der aus Zorn über diese Verdächtigung an ihrer Tür läutet und sie zur Rede stellen will.

Ojojoj – dann kann sie biestig werden und fährt dem Betreffenden wahrscheinlich mit dem Allerwertesten ins Gesicht. So schnell kann der gar nicht schauen, hat er links-rechts-links-rechts auch noch verbal eine, zwei um die Ohren, daß alles nur so wackelt. Frauen kennen da keinen Pardon, wenn sie merken, da will ihnen einer etwas. Sie drehen ruck, zuck den Spieß um und gehen – Attackeee! – zum Gegenangriff über.

Wer das nicht weiß und sich darauf nicht vorbereitet, indem er ebenfalls ein paar Gemeinheiten auf Lager hat – das müssen schon recht saftige sein, sonst wird er der Dame nie den Mund stopfen –, der kann einem richtig leid tun. Der wird abziehen müssen wie ein begossener Pudel.

Im Supermarkt soll sie sich ruhig so benehmen, die anderen Frauen sind ja auch nicht auf den Mund gefallen. Es werden zwar die Fetzen fliegen, aber Konsequenzen wird das keine haben.

Aber ein Unternehmen, wie das wegen der angeblich jeden Sonntag gestohlenen Zeitung, das sollte dann der männliche Teil dieser Partnerschaft übernehmen. Denn auch mit Aggressionen kennt sich der Mann besser aus. Er weiß auch aus Erfahrung, wie sich angestauter Ärger besänftigen läßt. Dieses Spiel muß er in seinem Berufsleben jeden Tag spielen.

Er wird sich da an der Tür eine Minute lang anschwafeln lassen, ein Lächeln aufsetzen und je nach Sonntagslaune sagen: »Nein, nein, so war das doch nicht gemeint.« Oder: »Na, haben Sie sie oder nicht?« Meist wird ihm zwar die zweite Frage erst im nachhinein einfallen, aber wenn da an der Tür nichts Besonderes passiert, bleibt der Hausfrieden auf jeden Fall erhalten.

Mit Aggressionen umzugehen, dafür hat der Mann eine ganze Latte von Methoden. Wieder Beispiel Supermarkt – ein Aggressionsfeld, das für Psychologen als Fundgrube ein wahres Paradies sein muß. Beobachten Sie doch einmal selbst, was sich für (noch) unausgelebte Konfliktsituationen ergeben, wenn sich da im Gedränge Leute mit ihrem Einkaufswagen in die Quere kommen, Ausweichmanöver fahren, dabei wieder andere behindern, sich gegenseitig weiterschieben oder gar andere touchieren.

Also: Frankfurt, Supermarkt, Einkaufswagen. In der Schlange vor der Kasse beobachtet Gerhard eine Frau mit ihrem kleinen Buben. Mutter hat einen Einkaufswagen, Kind hat einen Kindereinkaufswagen. Damit fährt es rhythmisch hin und her – immerzu – und stößt jedesmal dem Mann vor ihm den Wagen in die Fersen. Und weil das lustig ist, lacht er natürlich, der Kleine. Der Mann dreht sich nach dem Kind um und bittet es, damit aufzuhören. Aber es hört nicht auf – im Gegenteil, es stößt noch stärker zu. Der Mann wendet sich an die Mutter und verlangt von ihr, daß das Kind mit dieser Belästigung aufhört. Doch die Mutter lacht nur. »Mein Kind ist antiautoritär erzogen«, bescheidet sie ihn. »Es kann machen, was es will.«

»Mich ging das natürlich nichts an«, erzählt Gerhard, »und ich weiß auch nicht, was in mich gefahren ist. Ich bin nach vorne gegangen, habe ein Joghurt aufgerissen, es der Frau über den Kopf geschüttet und ihr mitgeteilt, ich sei auch antiautoritär erzogen und könne machen, was ich will.«

Und? Hat sie Gerhard eine gescheuert? Ihm einen Tango gemacht?

Gerhard: »Nichts – sie hat ihr Kind genommen, hat den Einkaufswagen stehen gelassen und ist wütend gegangen.«

Und die anderen, was haben die gesagt?

»Die haben alle gelacht. Die hielten das für eine Unverschämtheit, wie diese Frau sich benommen hat. So etwas kann man doch nicht machen.«

Von Regeln und Vorschriften hält eine Frau eben wenig. Sie verläßt sich lieber auf ihr Gespür und auf ihre Fortune. Mit ihr sollte sich der Mann möglichst nicht auf eine Parkabenteuer einlassen und sein Auto einfach dort abstellen, wo es zwar am bequemsten, aber auch verboten ist. Sie denkt gar nicht daran, drei Häuserblocks weiter zu parken, wenn sie hier etwas zu tun hat. Sie stellt sich immer hierher. Einen Strafzettel hat sie noch nie bekommen.

Die modernen Frauen sind heute aber schon so einsichtig, daß sie sich bereit erklären, eine eventuelle Strafe zu bezahlen, wenn der Mann seinerseits bereit ist, mit ihr dieses Risiko einzugehen.

Machen Sie das doch einmal. Wissen Sie, was passieren wird, wenn Sie schlechten Gewissens zu Ihrem Auto zurückkommen? Jawohl, Sie haben ein Strafmandat unter dem Scheibenwischer. Und Sie wissen auch, wie sie reagieren wird? Sie wird große Augen machen, sagen: »Na, so was, verstehe ich gar nicht, mir ist das noch nie passiert«, und dann wird sie auf die Polizei schimpfen. Wetten, daß ...

Das ist zwar ärgerlich, aber weiter keine Katastrophe,

ganz abgesehen davon, daß sie dieses Strafmandat zu bezahlen übernommen hat, weil sie ja so sicher war, daß da auf keinen Fall etwas passieren kann. Das kann man auch als Das-nächste-Mal-habe-ich-recht-Spielchen betrachten.

Vor lauter Flattern kommen Frauen oftmals nicht zum Fliegen

Es gibt aber leider immer wieder Situationen im Leben, die zu echten Katastrophen ausarten können. Die lassen sich nur dadurch verhindern, daß man einen kühlen Kopf behält und im gegebenen Moment das einzig Richtige tut.

Das können Frauen nicht so gut. Die Wissenschaft hat heute schon sehr starke Hinweise dafür, daß Frauen denkmäßig einfach anders angelegt sind – lesen Sie doch erst einmal weiter, Mesdames Feministes, bevor Sie durch voreilige Aufregungen gleich wieder außer Rand und Band geraten, ich nehme Ihnen sonst gleich das Buch weg – so ist es nun einmal, und für Sie ist das doch gut so.

Frauen sind im Gehirn (siehe Seite 52) viel besser links-rechts geschaltet als Männer (soll ich einschränken: rechtshändige?), von denen es heißt, sie wären so stark von ihrer linken Gehirnhälfte geleitet. Beim Mann kann sich gerade in Gefahrensituationen das Denken auf eine zwingende Logik beschränken – unbeeinflußt von der dauernd dazwischenquatschenden rechten Gehirnhälfte –, und da ist er mit seiner verschmähten Linkslastigkeit ganz gut dran. Er kann in solchen Situationen nach dem paradoxen Grundsatz handeln: ganz langsam, wir haben es eilig. Wer jemals auf einem Segelboot war und gesehen hat, wie einer bei Sturm und starkem Seegang vorne am meterhoch auf- und niederpeitschenden Bug eine verklemmte Rollfock eindreht, während die Wellenbrecher auf ihn niederkrachen, der weiß, wovon die Rede ist. Da geht nichts, wenn man schusselig ist. Da verliert man nur die Übersicht.

Nicht, daß eine Frau das nicht könnte, wenn sie darauf trainiert ist – davon ist nicht die Rede –; aber dann ist sie für diese Situation speziell programmiert.

Der Normalfall einer leider täglich möglichen Katastrophe trifft den Menschen so unvermittelt, daß er im Grunde genommen mit einer solchen Situation überhaupt nichts anzufangen weiß. Sie ist so total neu, daß er eigentlich vor lauter Hilflosigkeit total ausflippen und ihn genausogut der Schlag treffen könnte.

Frauen neigen dazu, bei solchen Gelegenheiten total auszuflippen. Sie wissen dann überhaupt nicht mehr, was sie tun sollen. Das liegt, wie gesagt, an der anderen Denkungsweise. Ihre Kommandozentrale im Kopf kann sich auf die richtigen Rettungsmaßnahmen nicht einigen. Es finden dauernd Krisensitzungen statt zwischen der linken und der rechten Gehirnhälfte, und dieses dauernde Diskutieren führt zu nichts außer dazu, daß der Mensch, der auf Befehle wartet, untätig herumflattert wie ein ganzer Hühnerstall. Und vor lauter Flattern kommt er nicht zum Fliegen.

Männer können blitzschnell zupacken

Die Großeltern waren überglücklich, als ihre Tochter mit dem kleinen Stammhalter aus der Klinik nach Hause kam. Sie hatten ihr ihr früheres Mädchenzimmer hübsch hergerichtet. Eine blau ausgeschlagene Wiege stand da, eine Wikkelkommode mit einer Babywaage drauf. Man wollte ja genau wissen, wieviel der kleine Racker zunahm – am Tag, in der Woche, in einem Monat. Darüber sollte genau Buch geführt werden.

Daß diese Waage nicht nur kein Präzisionsinstrument, sondern eine ganz gefährliche Konstruktion war, das konnte ja keiner ahnen. Und außerdem hatte Opa das gemacht. Opa war in bastlerischen Dingen ein Genie.

Nur eines hätten alle wissen müssen: Opa war auch ein

Weltmeister im Improvisieren. Da keine richtige Babywaage im Haus war, hatte er einfach die Küchenwaage dazu umfunktioniert – ein Servierbrett darauf gelegt und das Ganze, damit es auch hübsch ausschaut, mit einem schönen Tuch abgedeckt. Der Wickeltisch stand nahe am Fenster – Juni war's und schön warm war's draußen. Der Kleine sollte ja auch gute Luft bekommen und die Vöglein im Garten zwitschern hören. Aber Zug sollte er auch keinen bekommen – also blieb zwischen Wickeltisch und Fenster mit dem schweren Heizkörper darunter etwa ein Meter Zwischenraum.

Und genau in diesen Abgrund wäre der sieben Tage alte Säugling aus mehr als einem Meter Höhe kopfüber hinuntergestürzt, wenn sein Vater – Opas Schwiegersohn – nicht beim Wickeln und beim Wiegen zugeschaut hätte.

Denn kaum hatte die Mutter den Kleinen auf die Waage gelegt, da begann das Servierbrett zu kippen und das Baby zu fallen. Da packte aus einem Reflex heraus der Vater blitzschnell zu und erwischte seinen kleinen Sohn um Haaresbreite vor dem Absturz. Ein Zusammenhang zwischen diesem fatalen Fast-Unfall und Opas Vorliebe fürs Provisorium fiel ihm allerdings erst viel später ein.

Wissenschaftliche Untersuchungen bescheinigen dem Mann keine exorbitanten Fähigkeiten. Aber eines müssen sie ihm lassen. »Grobmotorisch« ist er nicht zu schlagen.

Ein anderes Beispiel, das ins Auge hätte gehen können. Ein Haus wäre abgebrannt mit 45 Menschen, die zu diesem Zeitpunkt bereits schliefen:

Köln, eine wunderschöne Hochsommernacht im Juli 1986, Einweihungsparty bei Gisela auf dem Balkon ihrer neuen Wohnung. Fleischfondue hat's gegeben, es sind zwar alle schon satt, aber einer will noch ein paar Happen. Gisela stellt den Fonduetopf auf den Gasherd in der Küche, damit das Fett schneller wieder heiß wird. Sie vertratschen sich, weil's lustig ist. Und plötzlich schreit einer: »Es brennt!« Gisela rennt in die Küche. Auf dem Herd hat sich die Gasflamme auf übergeschwappten Fettresten ins Öl gefressen, und über dem Herd brodelt eine meterhohe Flamme.

Gisela: »Ich habe überhaupt nicht mehr gewußt, was ich machen soll. Ich wollte Wasser ins Feuer schütten, mit dem Geschirrtuch das Feuer ausschlagen. Aber da schob mich mein Freund zur Seite, nahm den brennenden Topf vom Herd. Er balancierte die Feuersäule durchs Wohnzimmer, an den Vorhängen vorbei, auf den Balkon hinaus. Ich wohne in der fünften Etage – unten ist eine große Grünfläche. Arnold schaute erst einmal hinunter, ob da niemand unten war, weil er das Öl runterschütten wollte. Als er den brennenden Topf über die Brüstung heben wollte, blieb er hängen. Er schüttete sich das siedende Öl über den Arm. Mein Gott, ich sah das Fleisch auf seinem Arm ganz weiß werden, aber er hob den Topf ganz vorsichtig über die Brüstung und leerte ihn nach unten. Den Feuerschweif sehe ich heute noch vor mir. Das war wie ein Komet ...«

Arnold lag mit seinen schweren Verbrennungen wochenlang im Krankenhaus. Die Chirurgen haben seinen rechten Arm, der fast bis auf die Sehne verbrannte, wiederherstellen können. Nur die Haut zwischen Zeigefinger und Daumen war trotz mehrmaliger plastischer Operationen nicht mehr zu reparieren. Behindert ist er nicht mit dieser Hand. Er ist selber Chirurg und hat auch beim Knoten keinerlei Schwierigkeiten.

Arnold verliert heute kein Wort über diesen Abend. Nur über eines ärgert er sich: »Ich hätte diesen verdammten Betonwulst auf der Balkonbrüstung sehen müssen.«

Frauen können mit Reden Katastrophen verhindern

Geht es darum, daß sich das Gehirn in kürzester Zeit ununterbrochen auf neu auftretende Situationen einstellen muß, dann ist dieses logische, zielorientierte Geradeausdenken dem Menschen eher im Wege. Mit Logik kommt man in einer Situation wie der folgenden überhaupt nicht weiter, weil sie jeglicher Logik entbehrt.

In einer stillen Seitenstraße im Hamburger Elbvorort Nienstedten wacht ein Ehepaar nachts auf, weil es unten im Haus Geräusche hört.

Heinz geht aus dem ersten Stock vorsichtig ins Erdgeschoß hinunter und überrascht zwei vermummte Einbrecher, die sich an seinem Schreibtisch zu schaffen machen. Er brüllt sie an, geht mit einem Kaminhaken auf sie los, aber sie schlagen ihn brutal zusammen. Sie schleppen ihn in die Küche, fesseln ihn mit einer Gardinenschnur an einen Stuhl. Sie wollen Geld und bedrohen ihn mit einem Messer am Hals.

In diesem Augenblick steht seine Frau Helga in der Tür. Sie bindet sich seelenruhig ihren Morgenmantel zu, schaut die beiden nacheinander eindringlich an und sagt:

»Ja, seid ihr denn total bescheuert? Ihr habt das Telefon aus der Wand gerissen. Macht keinen Quatsch! Was wollt ihr denn überhaupt von uns?«

Die beiden sind sehr nervös und brüllen sie an: »Gib alles Geld her, das du im Haus hast!«

Zu allem Überfluß hört sie plötzlich auch noch die Kinder, die aufgewacht sind. »Was machst du denn da unten, Mami?« Sie hat Angst, daß sie herunterkommen. Aber sie kann sie beruhigen und wieder ins Bett schicken.

Sie redet weiter auf die beiden Einbrecher ein. Minutenlang. Versucht, sie zu beruhigen. Läßt sich auf ihre Forderungen ein.

»Klar, mein Geld könnt ihr haben. Vierhundert Mark – mehr habe ich nicht. Wollt ihr noch einen Scheck? Habe ich auch nur einen, ich muß morgen zur Bank. Ihr habt euch einen ungünstigen Tag ausgesucht. Aber dann haut ihr ab, klar?«

Sie redet und redet und redet – und gibt ihnen schließlich das Geld und einen Scheck über weitere 400 Mark noch dazu. Die beiden ziehen tatsächlich durch die Küchentür über die Gartenterrasse ab.

Helga bindet mit fliegenden Fingern ihren gefesselten Mann vom Küchenstuhl los. Der springt wie von Sinnen auf, reißt aus der Küchenlade ein Messer heraus und will den beiden nach. Nur mit allergrößter Mühe kann ihn Helga zurückhalten. »Mein Gott, was habe ich da an Angst ausgestanden«, sagt sie. »Die waren so fertig, die hätten Heinz glatt umgebracht, wenn er ihnen nachgelaufen wäre.«

Und während der ganzen Geschichte in der Küche hat sie keine Angst gehabt?

»Nachher war ich total am Ende – aber in der Küche überhaupt nicht. Ich habe nur gemerkt, daß ich rede und rede und rede und daß es geholfen hat.«

Daß Menschen zu solchen Reaktionen überhaupt fähig sind, machen komplizierte chemische Vorgänge möglich, die im Organismus als Schutzmechanismus ablaufen, damit in einer physisch anstrengenden Situation die körpereigenen Abwehrkräfte mobilisiert werden.

Der Reiz »Gefahr« setzt den sympathischen Teil unseres autonomen Nervensystems in Alarmbereitschaft – die Psychologen nennen diesen Aktivierungszustand »Arousal«, so eine Art Wecker, der, im Organismus schrillend, ein perfektes Alarmsystem auslöst:

Aus der Nebennierenrinde wird das Hormon Adrenalin ausgeschüttet, das uns zu erhöhter Aufmerksamkeit befähigt. Der Blutzuckerspiegel steigt an, was uns zu mehr Energie verhilft. Die schnelle Atmung und der erhöhte Herzschlag sorgen dafür, daß mehr Sauerstoff in die Muskulatur gepumpt wird. Und gleichzeitig wird die Blutversorgung in den hautnahen Venen reduziert, um eventuellen Blutverlust im Falle einer Verletzung möglichst gering zu halten. Und außerdem produziert der Organismus vermehrt Eiweiße zur Blutgerinnung, wenn es zu starken Blutungen kommen sollte.

Die psychologisch blockierenden Gefühle – wie hier zum Beispiel die Angst selbst – empfindet der Mensch erst, wenn alles vorbei ist.

Männer haben Verbindungen, aber Frauen stellen Kontakte her

Weg von den großen Katastrophen – hin zu den Situationen, die sich durchaus zu kleinen Katastrophen entwickeln können, wenn man nicht aufpaßt.

Denken Sie doch einmal an bestimmte gesellschaftliche Ereignisse, zu denen Sie wirklich verpflichtet sind – aus Höflichkeit, aus Dankbarkeit, aus Opportunismus, weil sich für Sie vorteilhafte Dinge entwickeln könnten (wie man immer glaubt und daher ungeheuer viel Lebenszeit verplempert). Zu den meisten Empfängen geht man nicht aus Jux und Tollerei, sondern weil man einen ganz bestimmten Grund hat.

Da sollte sich ein Mann der Frau bedingungslos anvertrauen. Sie wird ihm, der meistens überhaupt nicht hingehen will, zwar mit ihrer Euphorie (sie geht nämlich gern hin) wahnsinnig auf den Wecker fallen, aber trotzdem: Vertrauen Sie sich ihr an, Sie werden es sicher nicht bereuen.

Sie liebt nämlich die Auftritte. Das fängt schon beim Gehen an – eine Frau geht nicht. Sie bewegt sich durch den Raum, sie swingt, sie schwebt, sie fliegt. Sie kommt mit ihrem ganzen Fluidum daher, das sie umgibt, so als mobile Raumeinheit. Und sie wird lächeln. Nicht weil Frauen von Natur aus so charmant sind. Frauen können nämlich – das liegt am (angeborenen? anerzogenen? Die Psychologen haben sich da noch nicht festgelegt) weiblichen Blickverhalten – gar nicht ernst schauen wie ein Mann, dem man sofort ansieht, was er im Augenblick von seiner Umwelt hält.

Sie wird den (die) Gastgeber(in) mit ihrem aufgesetzten Charme sofort überrennen. Und dann geht's hinein ins Vergnügen. Der Mann halte sich am besten dicht hinter ihr. Denn ihr Auftritt ist ja auch sein Auftritt. Nur dicht hinter ihr bleiben und mit einfliegen!

Sie wird mit einem Blick durch die Runde sofort feststellen, wen sie kennt. Wird nach Bekanntschafts-Intensitätsgrad sofort die richtige Person registrieren. Und wenn sie keinen kennt, dann wird sie mit Sicherheit die Person orten, die am besten ansprechbar ist, ohne daß man dumm in der Gegend herumsteht – das ist in jedem Fall zu vermeiden. Man muß zumindest den Anschein erwecken, in einer Gesellschaft verankert zu sein, sonst hat man überhaupt keinen Stellenwert, und das kann peinlich werden.

Peter und Katrin mußten zu solche einer foinen Cocktailparty. Er war eingeladen worden, weil er als Journalist für eine Geschichte im Themenkreis dieser Gesellschaftschicht recherchiert hatte.

Katrin erspähte sofort eine Person, die sie für das beste Integrationsobjekt hielt. »Die habe ich heute beim Friseur getroffen«, zischelte sie Peter zu. Und ruck, zuck war sie auch schon dort. Mit dem charmantesten Lächeln auf dem Gesicht.

Peter merkte sofort, daß diese Frau sich an Katrin überhaupt nicht erinnern konnte. Aber ein Außenstehender hätte das nie wahrgenommen. Denn auch die fremde Dame vom Friseur hatte sofort ihr Kommunikationsgesicht auf in Erwartung dessen, was sie in einem solchen Fall von einer anderen Frau wie Katrin sowieso gleich als Hilfestellung zu hören bekommt.

Und Katrin hatte dieses Spiel natürlich drauf. »Ist Giorgio nicht wunderbar? Gehen Sie schon lange hin zu ihm? Ist das ein netter Mann. Und so tüchtig. Macht jedem die Frisur, die ihm am besten zu Gesicht steht. Nein, wie hat er das nur bei Ihnen wieder getroffen . . .«

Peter hätte im Erdboden versinken können. Denn die Dame hatte eine wahnsinnig spitze Nase, und dieser Giorgio hatte ihr zum Hinterkopf hin eine Frisur kreiert, die genau so spitz auslief wie vorne ihre Nase. Mit diesem Styling hatte er erreicht, daß sie endgültig so aussah wie die leibhaftige Schwester vom *Woody Woodpecker*, dem Specht.

Peinlich? Keine Spur. Die beiden Damen amüsierten sich königlich.

Wenig später bei Tisch hatte Peter dieses Glück nicht. Aber, wie gesagt, es war eine foine Gesellschaft, und die Probleme, die man sich da im Understatement als amüsante Geschichten erzählte, das waren Begebenheiten, die Peter vielleicht anders sah, als sie gemeint waren.

Die Rede war wie selbstverständlich von New York, wo die Kinder studierten (und natürlich auf der East Side wohnten). Wenn man als Eltern dort in regelmäßigen Abständen hinflog, um nach dem Rechten zu sehen, dann flog man natürlich nicht erster Klasse, sondern versuchte es so einzurichten, daß man sich statt dessen durch eine freie Sitzreihe Bequemlichkeit verschaffte. Wie das ging, verstand Peter zwar nicht ganz. Aber nachzufragen – da hatte er entweder gerade den Mund voll oder er traute sich nicht, weil er möglicherweise irgendwelche Details überhört hatte. Während Katrin jedenfalls durch ihre Zwischenbemerkungen »Tatsächlich?« und »Ist das wahr?« und »Sagen Sie mal!« die Prahler zum Weitererzählen animierte, saß Peter dort und merkte, wie er sich durch diese eskalierende Angeberei belästigt und auf den Arm genommen fühlte.

Er wußte zwar, daß dieses Imponiergehabe nicht ihm galt, sondern so ein gegenseitiges Revierabstecken war, aber er fühlte sich persönlich beleidigt, daß er sich so etwas anhören mußte.

Als dann ein wichtiger Herr vertraulich die Indiskretion verbreitete, ein landesweit bekannter Industrieller könne sich in Kenia nicht mehr sehen lassen, weil er dort einen in einer Astgabel schlafenden Löwen geschossen hätte, waren alle am Tisch empört.

Peter wollte niemanden beleidigen, er wollte witzig sein und die anderen nur zum Lachen bringen: »Wie soll man denn einen Löwen sonst treffen?«

Aber keiner fand das lustig, im Gegenteil. Jetzt waren sie doppelt empört. Nur Katrin lachte und verschluckte sich dabei fast an ihrer Mousse, und das war's – weil sie fast erstickte. Damit brachte sie die Lacher dann auf seine Seite.

Das Glück, nicht ins Fettnäpfchen zu treten wie Katrin bei der Woody-Woodpecker-Dame, das hatte Peter nicht.

Deshalb soll der Mann sich in solchen Situationen auf die Frau verlassen. Denn jede Gesellschaft muß sich erst warmlaufen. Wenn die richtige Tourenzahl erreicht ist, dann ist alles möglich.

Kontakte – so von der echten menschlichen Art – kann die Frau besser herstellen. Wer jemals in eine fremde Wohngegend gezogen ist, kann das nur bestätigen. Wer hat dort die ersten Bekannten? Die Frau.

Sie kundschaftet nicht nur alle möglichen Einkaufsmöglichkeiten aus – das ist (leider, sagt sie) ihr Beruf –, sie bemüht sich bei der Gelegenheit auch gleich, Menschen kennenzulernen. Sie weiß, daß das relativ leicht geht, denn sie hat ihr Leben lang gelernt, daß auch andere Menschen neugierig sind. Der Mann weiß das zwar auch, aber ihm ist diese Tatsache lästig. Frauen wissen, daß diese Fähigkeit für sie Kapital ist. Und das nutzen sie für sich aus. Das können sie schon als kleine Mädchen.

Julia, zum Beispiel, kam von Mexiko über New York – wo sie ihren Mann kennenlernte und die Familie entstand – mit ihrem Mann und den beiden kleinen Töchtern nach Wien. In einem international besetzten Wohnblock im Heurigenvorort Grinzing sprach ihre jüngere Tochter – damals vier – eine Frau an. Und allein die Tatsache, daß die beiden den gleichen Vornamen hatten, brachte erst einmal ihre Mutter mit der Frau zusammen, dann deren beiden Kinder mit ihr und ihrer älteren Schwester, und schließlich wurden die beiden Väter Freunde. Heute besteht diese Freundschaft zwischen den beiden Familien schon 17 Jahre lang. Eingefädelt wurde sie von einem kleinen vierjährigen Mädchen.

Männer können kommandieren, aber Frauen können führen

Carlo ist Ende Vierzig und Chefredakteur einer auflagenstarken Illustrierten. Er führt seine Redaktion wie ein Regiment. Seine Anordnungen sind widerspruchslos zu befolgen. Und der »Macher« ist einzig und allein er.

Alle Texte gehen über seinen Tisch, Überschriften, Vorzeilen formuliert prinzipiell er, die Fotos will er alle selbst sehen, eine Vorauswahl ist seinen Fotoredakteuren nicht gestattet, sie könnten ja die schönsten Motive übersehen, die Layouts scribbelt er seinem Artdirector genau vor. Das sei eben die Funktion eines Chefredakteurs, möchte man meinen – ja und nein. Carlo ist ein ganz besonderes Kaliber. Er ist der Größte, und die anderen sind lauter Dilettanten. Er verplempert seine Zeit mit Kleinkram, und zu allem Überdruß liebt er auch noch die großen Themenkonferenzen. Diskutiert wird wenig, er doziert. Sein Motto heißt: Entweder wir sind einer Meinung oder wir sind meiner Meinung.

Geschichten müssen ihm erst einmal in den schönsten Regenbogenfarben »verkauft« werden. Und hat einer mit seinem Angebot Pech, und Carlo frißt sie, dann kriegt er die Geschichte entweder überhaupt nicht hin, oder er muß lügen, daß sich die Balken biegen.

Die Gefahr ist jedoch nicht sehr groß, denn Carlo schmettert die meisten Themenangebote ohnehin ab – nicht ohne dabei seine unproduktiven Mitarbeiter wissen zu lassen, wie sehr ihn die Einfallslosigkeit seiner Redaktion ankotzt. Und dann kauft Carlo seine Geschichten wieder bei den Agenturen. Und er merkt nicht, daß sich keiner mehr den Kopf für ihn zerbricht, geschweige denn ... für ihn zerreißt. Und er kapiert nicht, daß sie ihn eines Tages totblockieren werden. Denn es ist nicht ausgeschlossen, daß er eines Tages auf sie angewiesen ist.

Haben Sie auch einen Mann zum Chef? Sind Sie mit ihm zufrieden? Oder gehört er zu der Carlo-Kategorie von Vorgesetzten, die ihre Autorität ausüben, als wären sie auf dem Kasernenhof?

Dann sind Sie beide fehl am Platz. Er wegen seiner miserablen Führungsqualitäten. Und Sie, weil Sie Ihrer Firma Zeit und Geld stehlen.

Sie können in einem miesen Betriebsklima nicht das leisten, wofür Sie eingestellt wurden und bezahlt werden. Für Ihr Unternehmen sind Sie daher wertlos. Wie Ihnen geht es wahrscheinlich auch noch anderen Mitarbeitern – und schon deshalb müßte diesem Vorgesetzten der Hut in die Hand gedrückt werden, damit er sich so schnell wie möglich verabschiedet. Solche Menschen werden leider viel zu selten davongejagt – und Ihr Chef bleibt wahrscheinlich auch, bis man ihm nachweist, daß er silberne Löffel klaut oder die Firma in den Ruin bringt.

Also müssen Sie etwas unternehmen. Hier ein Typ für Sie: Schauen Sie sich doch einmal ernsthaft um, ob Sie nicht ein Unternehmen finden, in dem eine Frau das Kommando führt – nicht als Aufsichtsratsvorsitzende, die bekommen Sie nie zu Gesicht, sondern als direkte Vorgesetzte. Kündigen Sie, und suchen Sie sich etwas, wo die Arbeit wieder Spaß macht.

Das ist nämlich noch etwas, was Frauen besser können als Männer: Sie sind eindeutig die wirksameren Führungskräfte. Denn sie haben einen unvergleichlich angenehmeren Führungsstil.

Wie Agathe, Hauptabteilungsleiterin in einem norddeutschen Großunternehmen. Den Führungsstil von Frauen beschreibt sie so:

»Frauen führen nicht besser, sie führen nur anders als Männer. Frauen achten sehr auf ein gutes Betriebsklima. Sie versuchen, Harmonie im Büro durchzusetzen. Ich glaube, daß Frauen eher dazu in der Lage sind, Mitarbeiter und Mitarbeiterinnen mit Streicheleinheiten zu versehen als Männer. Männer in Führungspositionen sind es gewohnt, sich durchzusetzen. Zu diesem Durchsetzen gehört Selbstdarstellung, und sich selbst groß herausstellen – die eigene Wichtigkeit betonen. Frauen in vergleichbaren Positionen achten mehr auf Teamwork. Das hat sicherlich auch den psychologischen Hintergrund, daß Frauen sich manchmal gar nicht so sehr trauen, selbst in Spitzenpositionen ihre eigene Leistung an die große Glocke zu hängen. Frauen sind in der Regel hilfsbereiter ihren Kollegen beziehungsweise Kolleginnen gegenüber. Das Engagement für die Mitarbeiter und Mitarbeiterinnen ist nach meinen Erfahrungen bei Frauen stärker ausgeprägt. Das gleiche gilt für das Verständnis für Probleme im Büro. Männer wie Frauen sind für Streicheleinheiten, das können auch kleine sein, sehr empfänglich. Die wenigsten Männer sind jedoch in der Lage, überhaupt Streicheleinheiten zu verteilen, jedenfalls nicht außerhalb der »erotischen«.

Frauen können mit Männern gleichermaßen arbeiten, bei Männern ist das oft so, daß ihre traditionell geprägte Vorstellung nur gleichberechtigte Männer erträgt.

Arbeiten jedoch erst einmal Männer und Frauen auf derselben Hierarchieebene zusammen, dann ist diese Zusammenarbeit oft eine bessere, als wenn Männer zusammenarbeiten. Männer sind also durchaus bereit, Vorurteile zu revidieren und die Leistung ihrer Kolleginnen anzuerkennen.

Auf der anderen Seite müssen diese Frauen im Umgang mit ihren gleichberechtigten oder sogar eine Stufe tiefer stehenden Kollegen mit sehr viel Fingerspitzengefühl ausgestattet sein, weil Männer Frauen gegenüber, die ihnen beruflich überlegen sind, sehr empfindlich reagieren.

In diesem Punkt fehlt es auch bislang nach meinen Feststellungen an dem nötigen Durchsetzungsvermögen von Frauen, die – wenn sie nicht ›angenommen‹ werden – allzuleicht resignieren.«

Nicht so Agathe – dazu ist eine Geschichte nachzutragen. Agathe ist heute Direktoriumsmitglied, bunter Tupfer in jeder Vorstandssitzung, in der der feine blaue Hanseaten-Zwirn dominiert.

Am Anfang war sie dort nicht gern gesehen, und zu außertourlichen Terminen wurde sie gar nicht erst gebeten. Das wurmte sie natürlich.

Sie störte, erfuhr sie hinten herum. Aber nicht, weil sie als Frau in dieser Männerdomäne nicht erwünscht war – sondern weil sich die Herren vor ihr, der Dame, nicht die üblichen Witze zu erzählen trauten.

Bei der ersten Gelegenheit erzählte sie dann einen Witz. Den Herren sträubten sich die Haare. Und Agathe sagte abschließend befriedigt: »So!«

Darauf erntete sie schallendes Gelächter, und das war's dann auch.

»Das war mir eigentlich sehr unangenehm«, lacht sie heute, »aber ich hatte das Gefühl, daß ich mich bei diesen Männern nur auf diese brutale Art durchsetzen konnte.«

Der Witz machte im ganzen Unternehmen die Runde und die Geschichte auch. Alle waren höchst zufrieden mit Agathe. Denn sie hatte es den Großkopferten anständig gegeben. Und die Männer sagten: Es war wieder einmal eine Frau, die sich so etwas getraut hat.

Wir sitzen in Agathes lichtdurchflutetem Leder-Stahlrohr-Glas-Büro. Die Telefonanlage auf ihrem großen Schreibtisch leuchtet immer wieder auf, erlischt, wenn im Sekretariat abgenommen wird. Sie lächelt liebenswürdig ihrer Sekretärin zu, die frischen Kaffee bringt und ihr einen handschriftlichen Zettel reicht, auf den sie einen kurzen Blick wirft und als Antwort nickt.

Nein, das sei kein Rausschmiß, sagt sie, da wollte jemand nur wissen, ob es bei einer Essensverabredung bleibt. Attraktive Frau, tolle Karriere, sympathisch, charmant, bemerkenswert locker. Sie hat einen tollen Job und übt ihn erfolgreich aus.

Sich mit ihr anzulegen, hört man im Haus, das soll ins Auge gehen.

Ist sie eine von den sogenannten neuen Frauen, von denen es heißt, sie seien stark im Kommen? Wie man sie immer häufiger im Kino sieht und im Fernsehen – Lichtjahre von den Film-Frauenfiguren der vierziger, fünfziger Jahre entfernt?

Damals spielten Frauen zwar auch Jobinhaberinnen, aber in Wirklichkeit warteten sie darauf, daß sie ein guter Mann aus ihrem Dornröschenjob befreien und zum Traualtar führen würde. So einer wie Spencer Tracy oder Cary Grant, versteht sich. Und heute scheuchen sie schon einen Michael Douglas herum.

Männer haben Erfolg, aber Frauen machen Karriere

Was ist ihr Preis für diese Karriere? Der Frust, bis zur Erschöpfung zu arbeiten, spät nach Hause zu kommen, viel zu oft unterwegs sein zu müssen, Mann und Kind und Freunde zu vernachlässigen?

Nein, da hat Agathe keine Probleme.

Also rundherum glücklich?

»Jjj – ein«, sagt sie.

Ihr Problem ist anderer Art, nichts wirklich Ernstes, aber es belastet sie doch. Was sie über die Qualität weiblicher Führungskräfte sagt, ist eigentlich auch auf ihr Privatleben gemünzt. Das nämlich (siehe oben): ». . . sie müssen mit sehr viel Fingerspitzengefühl ausgestattet sein, weil Männer Frauen gegenüber, die ihnen beruflich überlegen sind, sehr empfindlich reagieren.«

Der Mann an Agathes Seite ist in seinem Beruf zwar recht erfolgreich, Karriere hat er allerdings keine gemacht – er reagiert sehr empfindlich, er leidet unter ihrem Erfolg. Weil er meint, eigentlich wäre es seine Aufgabe gewesen, es so weit zu bringen.

Agathe: »Wir diskutieren halbe Nächte lang über dieses Thema. Aber es ist schwierig. Ich höre immer, ich hätte Glück gehabt. Frauen hätten es überhaupt leichter, und dann erzählt er immer wieder die alten Geschichten, daß er während seines Studiums bei einer Prüfung durchgefallen ist, und die Mädchen, die mit ihm angetreten sind, haben die Prüfung alle geschafft, obwohl sie weniger gewußt hätten als er. Was soll man da bloß sagen.«

Und sie fährt fort. »Wenn er mich das nächste Mal ärgert, werde ich ihn auch ärgern und kaufe mir ein Motorrad. Motorrad fahren traut er mir nämlich absolut nicht zu. Auf den Augenblick freue ich mich schon, wenn ich abends mit dem neuen Motorrad nach Hause komme, mir den Helm abnehme und ihn frage: Drehen wir eine Runde?«

Das kommt alles so anfallsartig bei ihm, sagt Agathe. Manchmal ist er auch sehr lieb und kommt zu Veranstaltungen mit, zu der für seine Begriffe in entwürdigender Form geladen wird: Frau Agathe und Begleitung. Aber da lacht er nur, und sie muß ihn dann jedesmal daran hindern, daß er sich mit »Begleitung« vorstellt und noch einen Vornamen hinzuerfindet.

Wenn sie ihm vorhält, daß sie zwanzig Jahre immer nur als »und Begleitung« eingeladen wurde, dann meint er, das sei ganz was anderes. Agathe weiß nicht: was? Und bisher konnte er es ihr auch nicht erklären.

Nein, die Probleme zwischen ihnen beiden, da ist sie sich sicher, sind nicht unüberwindlich. »Ich hoffe, daß er eines Tages wieder zu seiner Natürlichkeit zurückfindet und auf das Ganze pfeift. Wissen Sie, wie wir uns vor fünf Jahren kennengelernt haben?«

Und sie erzählt dann: Sie hat in einem Wirtschaftsclub über ein hochgestochenes Thema einen vielbeachteten Vortrag gehalten, und als alles vorbei war, stand plötzlich ein attraktiver Mann vor ihr – er natürlich –, sah sie lächelnd an und sagte einfach: Sie gefallen mir. Wann und wo wollen wir denn zusammen essen gehen? Er gefiel ihr auch. Und Agathe, noch nie auf den Mund gefallen, packte ihr Redemanuskript zusammen und sagte: Jetzt – und das Restaurant suchen Sie aus. Er brachte sie dann in eine etwas gehobenere Imbißstube, und sie lachten den ganzen Abend. Das war's dann, und so blieb's dann.

Agathe: »Und eines Tages fing er dann mit diesem Karrierequatsch an. Also ich glaube, der sollte kündigen und anderswohin gehen. Sein Chef erkennt einfach nicht, was in diesem Mann steckt.«

Soll er sich bei ihr bewerben?

»Das«, lacht Agathe, »wär' ganz schlecht. Ich müßte über einen Strohmann die Firma kaufen, in der er arbeitet, und ihn dann richtig zur Geltung kommen lassen. Nur dürfte er nie wissen, daß ich dahinterstecke. Aber leider, leider – dazu fehlt mir das nötige Kleingeld.«

Männer haben Initiative, aber Frauen nehmen die Sache in die Hand

Genau dieses »Kleingeld« hatte Gundula, als sie feststellen mußte, daß an einer solchen Lächerlichkeit, wie sie fand, ihre Beziehung kaputtgehen könnte. Ihr Lebensgefährte Andreas drohte aus den gleichen Gründen durchzudrehen. Als sie sich kennenlernten, schien der Unterschied zwischen ihnen beiden überhaupt keine Rolle zu spielen. Es war im Urlaub – es herrschte die große Euphorie –, und es war ohnehin keine Zeit für ernsthafte Gedanken an das, was nachher kommt. Daß etwas nachher kommen sollte, das war ihnen allerdings schon sehr bald klar.

Daß sie sich just an diesem Ort und zu dieser Zeit kennengelernt haben, halten beide für Bestimmung – das mußte schon ein gutes Omen sein, meinten sie.

Es war beim Schifahren – eigentlich auf dem Weg zum Schifahren. Im Autostau auf einer Serpentinenbergstraße. Sie stand unten, er eine Warteschleife direkt über ihr. Sie sahen sich an, lachten sich zu, gestikulierten, weil nichts weiterging. Er deutete auf den ersten Parkplatz, wohin sie auch sofort aus der Kolonne ausscherte. Es war Liebe auf die ersten hundert Meter – das funktioniert offensichtlich über jede Entfernung, Hauptsache, Blickkontakt ist möglich, und beide sind zur gleichen Zeit am gleichen Ort – die Grundvoraussetzungen für so viele glückliche Begebenheiten im Leben.

Sie waren ein hübsches Paar. Sportlich, durchtrainiert, auf jeder Piste und in jeder Disko ein Blickfang. Sie: eine ehemalige Weltranglisten-Tennisprinzessin und erfolgreiche Geschäftsfrau – drei Modeboutiquen, ein internationales Pferderennenwettbüro. Er: Ingenieur im mittleren Management eines großen Elektronikunternehmens. Sie: Geld wie Heu. Er: Durchschnittsverdiener.

Beide hatten gerade eine unglückliche Beziehung hinter sich und waren überglücklich, einander gefunden zu haben.

Da sie aus der gleichen Stadt kamen, war es leicht, beisammen zu bleiben. Jeder ging tagsüber seinen Geschäften nach, die Abende verbrachten sie gemeinsam. Das ging genau fünf Wochen und vier Tage gut. An einem Freitag vor dem Wochenende machte sie den Fehler, ihm den Vorschlag zu machen: Steig doch aus, ich habe genug Geld für uns beide. Wenn dir langweilig wird, kannst du ja bei mir etwas machen. Ich brauche ohnehin einen, der für mich die Geschäfte führt.

Und beinahe wär's aus gewesen.

Er wollte in seinem Beruf arbeiten, und wenn ihr das nicht paßt, drohte er, so müßte sie sich einen anderen suchen. Elena zitiert gern den österreichischen Maler OSKAR KOKOSCHKA: »Man muß im Leben für seine Erfahrungen bezahlen. Wenn man Glück hat, bekommt man Rabatt.« Und sie weist immer darauf hin, wie sie ihn für sich umgewandelt hat: Man muß im Leben für alles bezahlen – aber nicht ohne Rabatt. Und Kaiserin MARIA THERESIA: »Wer wagt, der auch gewinnt.«

Und so wagte sie etwas und gewann Andreas. Sie kaufte sich in einer wichtigen Zulieferfirma ein, an der wieder Andreas' Firma beteiligt war, wodurch die Lieferverträge gesichert waren, und bekam so Einfluß auf die Firma, bei der ihr Freund beschäftigt war.

Frauen haben Einfälle, aber Männer eine Idee

Frauen können drauflosdenken und sind in der glücklichen Lage, daß sie in Weltrekordzeiten vom Hundertstel ins Tausendstel kommen, ohne sich auf eine starre Denkschiene zwingen zu lassen. Sie lieben die Denkumwege. Kein Wunder, daß bei ihnen die Einfälle nur so daherpurzeln. Einer Frau fällt immer was ein.

Männer sind keine solchen Vergnügungsdenker. Sie sind trainiert, stur und geradeaus auf ein vorgefaßtes Ziel hinzudenken. Das hat immer den Anschein, als würde es länger dauern. Sie überlegen bei ihren Gedankengängen fortwährend jedes Für und Wider. Männer sind einfallslose Zweckdenker, die reinsten Hand-und-Fuß-Assoziationisten.

Aber: Auf ihrem hürdenreichen Weg zum Ziel kommt es oft vor, daß sie auf ein verlockendes Vorwegziel stoßen – die plötzliche Idee.

Eine fünfköpfige Hamburger Familie hatte über Nacht ein Problem. Am Vorabend hatten sie ihren Hund bekommen – eine lustige, süße Beagle-Hündin. Kaum war die erste bange Nacht in der fremden Umgebung ausgeschlafen, begann der Hund seine Anlage auszuleben – den voll ausgeprägten Jagdinstinkt. Als erstes mußten die nagelneuen Schuhe der sechzehnjährigen Tocher daran glauben, dann der neue italienische Pullover des kleinen zehnjährigen Sohnes. Schließlich stibitzte das Hundemädchen Vaters Lederjacke, die er leichtsinnig im Vorzimmer auf einen Stuhl gelegt hatte.

Das klingt zwar wie ein liebenswürdiger Kleinhundeschabernack, war es aber nicht. Die leider auch meist wertvollen Sachen wurden unter ein Bett geschleppt und dort mit Zähnefletschen und Beißandrohungen glaubhaft furchteinflößend verteidigt, bevor sie regelrecht zerfetzt wurden.

Der Mutter gelang es wohl immer wieder, den Hund von seiner Beute wegzulocken. Sie hatte immer neue Tricks auf Lager. Aber nicht einmal dem schnellsten Kind in der Familie gelang es, bei diesem ausgeklügelten Ablenkungsmanöver das unbewachte Versteck früher zu erreichen als der Hund. Der war mit einem Hechtbauchrutscher blitzschnell unterm Bett, und dann gingen die Drohgebärden wieder los.

Da hatte der Vater die rettende Idee. Ihm war aufgefallen, daß der Hund sich noch mehr als für seine Beute dafür interessierte, wenn es an der Wohnungstür klingelte. Dort stürmte er hin, daß er jedesmal beinahe über seine vier Beine stolperte und in der Kurve vom Wohn- ins Vorzimmer gefährlich ins Schleudern kam.

Das war dann auch die Lösung.

Hatte der Hund wieder einmal etwas ergattert, das er nur über seine Leiche hergegeben hätte, ließ man sich mit ihm erst gar nicht auf einen Kampf ein.

Einer ging zur Tür hinaus und läutete ...

Jetzt herrscht wieder eitel Sonnenschein zwischen den Menschen und der vierbeinigen Freundin.

Männer denken, aber Frauen wissen alles

Männer können denken, aber Frauen können denken und fühlen gleichzeitig. Das galt so um die Jahrhundertwende als eine der lächerlichsten weiblichen Eigenschaften.

Nach dem Leipziger Frauendiskriminierer MÖBIUS (siehe Seite 49) gab es auch in Wien einen, der mit Frauen nichts am Hut hatte – den jungen Philosophen und Psychologen Dr. OTTO WEININGER. Auch er hatte sich mit Haut und Haar gegen die Frauen verschworen. Auch für ihn waren das wie für Möbius lediglich »Weiber«.

In seinem 1903 erschienenen Buch *»Geschlecht und Charakter«* – er erschoß sich wenige Monate nach Erscheinen seines Buches – entwickelte Weininger eine Psychologie der Geschlechter, in der er die These von der seelischen und sittlichen Minderwertigkeit der Frau aufstellt.

Daß für sie – die »Weiber«, seiner Diktion nach, die er obendrein nur als W bezeichnete (wie den Mann mit M) – Denken und Fühlen eines ist, hielt er für besonders absonderlich und verwerflich.

Aber recht hat er gehabt, der Weininger.

Es ist wirklich etwas Besonderes, und so ist es tatsächlich. Frauen nehmen für sich gar nicht in Anspruch, im Augenblick alles zu wissen – sie wollen das gar nicht –, aber sie haben es meistens im Gefühl. Und darauf kann sich ein Mann ruhig verlassen.

Es ist zwar nur ein schöner Kinospruch, aber irgend etwas Wahres ist dran: In ihrem Film *»Yentl«* läßt BARBRA STREISAND ihren Filmfreund Vigdor sagen: »Eine Frau weiß alles, ohne ein einziges Buch aufzuschlagen.«

Jede Tochter und jeder Sohn kennt das sicherlich aus eigener Erfahrung. Keine Mutter kann »wissen«, daß ihr Kind – selbst nach längerer Abwesenheit – zu einem ganz bestimmten Zeitpunkt wieder nach Hause kommt, und doch weiß sie es.

Und so manchem hat sie damit schon die Überraschung verdorben. Denn sie sagt einfach: »Das habe ich schon den ganzen Tag im Gefühl gehabt.«

Frauen merken alles, aber Männer haben die Übersicht

Oder eine andere ganz wichtige Aufgabenverteilung. Wenn es darum geht, den Nahrungsvorrat wieder aufzustocken, weil die Familie die Woche über den ganzen Kühlschrank leergegessen hat, dann weiß die Frau des Hauses genau, was fehlt.

Und das steht alles fein säuberlich auf ihrem Einkaufszettel, den sie gewissenhaft geschrieben hat. Aber das ist eine Prioritätenliste, mit dem sie jeden Mann zum Wahnsinn treiben kann, wenn sie ihn damit zum Einkaufen in den Supermarkt schickt.

Er bleibt dann meistens in einer stillen Ecke stehen und sortiert erst einmal die Posten, um nicht andauernd nach der Liste hin- und herrennen zu müssen.

Sie kommt mit ihrer Aufstellung glänzend zurecht, weil es ihr nichts ausmacht, im Geschäft kilometerlange Strecken zurückzulegen. Die Milch steht im Ostflügel, die Orangen liegen im Westen, die Marmelade wieder im Norden ... Hausfrauen jeden Alters können ein phantastisches Chaos in den sonnabendlichen Einkaufswagenverkehr bringen.

Die Organisation eines solchen Einkaufs sollte sie getrost dem Mann überlassen. Denn früher oder später nimmt er ihr sowieso den Zettel aus der Hand und verschafft sich einen Überblick.

Die Liste wird er auch nicht anders zusammenstellen – obgleich er das natürlich könnte. Denn wenn er nachdenkt, weiß er, wo sein Supermarkt was stehen hat.

Der Wochenendeinkauf ist eine Generalstabssache. Dazu hat der Mann viel mehr Talent. Und einkaufen geht er, wenn er Zeit hat, ganz gern.

Aber bitte nicht verwechseln: Er geht gern mit und hilft auch gern, wenn es noch etwas zu besorgen gilt. Wenn's einmal nicht anders geht, dann macht er's auch allein. Nur schicken sollte man ihn nicht. Dann wird er störrisch. Und die Damen sagen dann gleich wieder: typisch Mann. Und das wollen wir doch vermeiden.

Männer sind Anbandler, aber Frauen sind die Aufreißer

Es waren eigentlich immer schon die Damen, die ihr Spitzentüchlein fallen ließen, um so dem Herrn ihres Interesses Gelegenheit zugeben, sie auch endlich wirklich wahrzunehmen.

Die schüchternen Herren sind seit jeher um die Damen herumgeschlichen. Mit der ausgeklügelten Taktik im Herzen und den Allerweltssprüchen auf den Lippen. Und sie verschätzten sich dabei permanent. Denn Glück hatten sie damit wenig. Meist deuteten sie auch noch das Gekicher falsch als selige Verlegenheit. Daß sie vielleicht ausgelacht wurden, der Gedanke kam ihnen nie in den Sinn.

Denn so richtig aufreißen, das geht ganz anders.

Ein Wiener Richter und ein Delikatessenhändler spielten in der Wintersaison jeden Sonntag auf Platz 5 in einer Tennishalle. Auf Platz 4 zwei attraktive Damen. Man grüßte sich zu Beginn der Stunde höflich und schielte auch beim Balleinsammeln schon manchmal auf den Nebenplatz. Aber nur so tennisinteressemäßig.

Das ging Wochen lang so. Dann luden die beiden Herren die Damen nach dem Tennis zu einem Drink ins Buffet. Und dort verabredete man sich zu einem Doppel für den nächsten Sonntag. Den beiden Herren schien das ein gelungener Anfang zu sein.

Das ging dann den ganzen Winter so dahin. Und nach dem Drink im Buffet fuhren alle brav nach Hause.

Als das Frühjahr nahte und die Freisaison, luden die Damen die Herren zu einem Tennisnachmittag ein. Denn eine der beiden hatte einen privaten Platz vorm Haus.

Den beiden Herren war ganz klar: jetzt oder nie.

Beim Match lief der Schmäh, die Herren waren aufgekratzt. Nach dem Spiel und ein paar Drinks wollten die Herren nur rasch duschen. Denn nachher war ein Heurigenabend ausgemacht.

Wie sie so unter der Dusche standen und sich den Abend ausmalten, ging plötzlich die Tür auf, und die beiden Damen kamen lachend herein. Die Herren waren perplex.

Und noch perplexer, als die Frau des Hauses sagte: »Wenn schon gemischtes Doppel, dann auch unter der Dusche.«

Bis hierher erzählen die beiden Herren die Geschichte immer wieder. Und auf die unausbleibliche neugierige Frage: Was war dann? brechen beide in Gelächter aus und sagen: »Dann sind wir gegangen.«

Mit der Geschichte haben sie jedesmal einen tollen Erfolg. Aber keiner von den beiden kann heute verstehen, warum sie damals so flugs reißaus nahmen.

Man sieht: Frauen können einen ganzen Winter auf den Frühling warten.

Frauen sind flink, aber bei Männern geht's schneller

Männer gehen Frauen manchmal schrecklich auf die Nerven. Sie brauchen zu allem, was sie tun, immer so wahnsinnig lang. In der Zeit, meinen Frauen, hätten sie das alles längst schon dreimal getan.

Wirklich?

Na, dann passen Sie doch einmal auf, meine Damen!

Wenn zum Beispiel von A nach B Wasser geschafft werden muß, dann wieseln Frauen wahnsinnig schnell mit dem Eimer hin und her. Männer werden immer versuchen, diese Energieverschwendung zu rationalisieren. Vielleicht sind sie zu faul, zweimal zu gehen. Oder sie haben ein ganz besonderes Talent.

Sie werden so lange herumtüfteln, bis sie etwas gefunden haben, um dieses ständige Hin- und Hergerenne zu vermeiden. Sie holen aus dem Keller einen Schlauch oder bauen sogar eine Rinne – und geht gar nichts, so schütten sie mit Kraftaufwand in hohem Bogen von A nach B. »Produktionsumweg« heißt das in der Nationalökonomie, der Wirtschaftswissenschaft. So ist das Fließband erfunden worden und der Lastenaufzug. Der Mehraufwand an Arbeit vor der eigentlichen Arbeit zahlt sich aus.

Und ist im Haushalt etwas zu reparieren, dann wissen Frauen sofort, welcher Handwerker das in Null Komma nichts erledigen kann.

Frauen haben die liebenswürdige – und wahrscheinlich für den inneren Seelenfrieden äußerst praktische – Charaktereigenschaft: Wenn sie glauben, ein Problem erkannt zu haben, dann glauben sie gleichzeitig, sie hätten es auch schon gelöst. Ist ja wirklich nur eine Frage der Zeit. Das Problem ist nur: Es ist Wochenende, und vor Montag kann man niemanden erreichen. Und bis dahin tropft die Wasserleitung munter weiter.

Was macht der Mann?

Erstens einmal macht ihn so was ganz nervös – was wiederum seine Partnerin ganz nervös macht, weil er sich von völlig unnötigen Dingen nervös machen läßt. Glaubt sie.

Denn er fummelt so lange herum, bis er die Reparatur selber geschafft hat. Von Dingen, die er meint, mit seiner Logik begreifen und lösen zu können, läßt er sich nicht unterkriegen. Und wenn sie noch so tückisch sind.

Da ist ein Mann recht praktisch. Sein Stolz reagiert auch auf eine kaputte Wasserleitungsdichtung.

Männer meiden ihre Feinde, Frauen trinken mit ihren Feindinnen Tee

Wenn Männer untereinander verfeindet sind, dann gehen sie einander aus dem Weg, wenn sie aus dem Streit heil hervorgegangen sind und einander nicht die Schädel eingeschlagen haben.

Weil sie genau wissen, daß es bei der nächsten Begegnung wieder um das alte Thema gehen wird. Das liegt lange in der Luft und bleibt am Kochen. Männer sind so wie angeblich die Elefanten: Sie merken sich negative Erfahrungen 100 Jahre lang.

Aber – und das unterscheidet die Männer doch wesentlich von den Elefanten – sie können wie Indianer das Kriegsbeil begraben und die Friedenspfeife rauchen. Sie merken sich zwar den Ort, wo's liegt – aber dort liegt es sicher.

Männer können sich die Hände geben, und dann ist alles vergessen. Das ist zwar auch so etwas Naives an ihnen, aber noch funktionieren solche Friedensschlüsse in der Privatsphäre, obgleich sie auch nichts anderes sind als Stillhalteabkommen.

Und oft werden aus (männlichen) Feinden sogar Freunde, wie man es im Kitschkino sehen kann.

Frauen sind da anders, sie haben ihre eigenen Methoden. Kein Außenstehender wird jeweils merken, wenn sich zwei Frauen nicht mehr grün sind. Sie werden weiter miteinander Süßholz raspeln und sich zum Tee zusammensetzen. Der einzige verräterische Hinweis wäre ihre Korrektheit, ausgesuchte Höflichkeit im Umgang miteinander. Denn Frauen wissen, daß man Menschen auch mit Charme umbringen kann.

Versöhnung – außer im Familienkreis – ist geradezu ausgeschlossen.

Denn wenn Frauen hassen, dann hassen sie, wie Männer lieben: mit Haut und Haar.

Männer testen, aber Frauen probieren

Männer machen es sich schwer. Sie wissen in den meisten Fällen besser, was sie falsch gemacht haben, als was richtig war. Der zufällige Erfolg interessiert sie nicht, es sei denn, sie sind Spieler. Aber auch dann werden sie nach Gesetzmäßigkeiten schielen.

Alles, was Männer tun, muß für sie jederzeit mit dem gleichen Erfolg wiederholbar sein. Blind und auf Knopfdruck sozusagen. Und alles, was diesem Prinzip widerspricht, dem trauen sie nicht.

Sie gehen dabei nach einer geradezu wissenschaftlichen Methode vor: Versuch – Irrtum – Fehler registrieren, damit er nächstes Mal nicht mehr auftritt. Nur wenn alle Fehler ausgeschlossen sind, muß das Ziel erreicht werden können. Denn für sie muß alles ein System haben. Hat etwas kein System, dann taugt es entweder nichts, oder es muß schleunigst ein System dazu erfunden werden.

Deswegen lieben Männer Betriebsanleitungen über alles. Sie strotzen nur so vor Systemen. Ein Mann kann sogar mit den schlecht übersetzten japanischen Betriebsanleitungen zurechtkommen. Und wenn er quer liest in Französisch, Englisch, Deutsch. Irgendwann hat er das System gefunden und auch sogleich beschlossen, sich selbst zum Betriebsanleitungsschreiben anzubieten.

Es ist noch kein Staubsauger in ein Haus gekommen, ohne daß der Mann nicht erst einmal die Betriebsanleitung zur Hand genommen hat.

Der Frau ist das zu blöd. Sie schaut sich den Staubsauger kurz an, steckt den Stecker in die Steckdose, und er beginnt auch gleich zu brummen und zu saugen.

Nur: Eines Tages muß sie den vollen Beutel herausnehmen, und dafür gibt es einen ganz bestimmten Knopf und Hebel. Und wo der ist, das steht in der Betriebsanleitung, die sie leider gar nicht interessiert.

Wieder eine Möglichkeit der Arbeitsteilung zur praktischen Zeitersparnis: Kommt das nächste Mal ein Ding mit

Beipackzettel ins Haus, dann muß sie probieren und er studieren.

Frauen machen sich Sorgen, aber Männer haben Angst

Der kleine Martin war zwei Jahre alt, als er zuerst Fieber bekam, dann Durchfall. Und alles, was er aß, erbrach er wieder.

Sie waren fremd in der Stadt, es war Wochenende, und der einzige Arzt, den sie kannten, war nicht zu erreichen. Die Eltern riefen bei der Notarztzentrale an und schilderten die Symptome.

Sie bekamen am Telefon die Auskunft, das käme bei kleinen Kindern häufig vor, und erhielten minutenlange Anweisungen, wie sie den Kleinen behandeln sollten. Die Mutter schrieb alles gewissenhaft mit. »Und wenn es schlimmer wird«, beschied man ihr in aller Ruhe, »dann rufen Sie wieder an!« Die Mutter begann, das Kind genau nach den Anweisungen zu behandeln. Sie hatte Vertrauen dazu.

Da bekam der Vater urplötzlich Angst, daß das Kind sterben könnte.

Er versuchte noch einmal, den bekannten Arzt zu erreichen, und zum Glück war er da.

Auch er beruhigte ihn. Er hätte das Kind doch erst vor ein paar Tagen gesehen. Das sei die übliche Sommergeschichte, die gerade unter Kleinkindern grassierte. Kein Grund zur Sorge. Er könne gern wieder anrufen, wenn's schlimmer würde.

Da verlor der Vater die Geduld und schrie ins Telefon: »Was soll denn noch schlimmer werden?«

Da nannte ihm der Arzt ein Symptom: die stehende Bauchfalte – wenn die zusammengedrückte Bauchhaut nicht zurückgeht. Der Vater bat den Arzt zu warten und probierte es: Die Falte blieb stehen.

Sie fuhren sofort zum Arzt, und der erschrak. Das Kind war am Austrocknen.

Der kleine Martin kam sofort ins Krankenhaus und blieb dort fast drei Wochen.

Der Vater hat den Klinikchef Jahre später getroffen. Der konnte sich an Martin genau erinnern. »Das war knapp. Er kam buchstäblich in letzter Minute. Wir hatten allerhand zu tun mit ihm.«

Angst bringt einen Mann auf Trab.

Männer sind Draufgänger, aber Frauen gehen aufs Ganze

Mit keinem Beispiel ist das besser zu erklären als mit diesem: STEFFI GRAF spielt ein ganz anderes Tennis als BORIS BEKKER. Er spielt mit Verve, Bravour, mit Kraft und Akrobatik, sie schießt ihre Gegner ab. Für ihn ist ein Lob – der hohe Ball, der den zu weit nach vorne gekommenen Gegner überspielen soll – ein Befreiungsschlag, um Zeit zu gewinnen – für sie ist er eine tödliche Waffe. Sie beherrscht den Lob, er nicht.

Boris Becker ist ein Draufgänger, der mit seinen Netzparaden sein Publikum zum Johlen bringen kann. Für Steffi Graf jubelt keiner. Aber sie gewinnt und gewinnt und gewinnt und gewinnt ... Sie ist von Kopf bis Fuß auf Siegen eingestellt.

Männer sind geizig, aber Frauen können sparen

Männer haben ein gestörtes Verhältnis zum Geld. Sie horten es für unbestimmte Zeiten. Sind Ausgaben nötig, dann haben sie den starken Hang zur zweiten Wahl. Denn sie meinen, sich damit etwas zu ersparen. Und so sparen sie leider oft auf der falschen Seite.

Frauen verkleiden sich, Männer lieben die Tarnung

Frauen machen jede Mode mit, sie lieben die Veränderung an sich. Mit Begeisterung lassen sie sich neue Frisuren aufschwatzen. Männer sind dafür zu konservativ. Sie sind den grauen, blauen Tarnanzug gewöhnt, und alles andere kommt für sie nicht in Frage. Denn der Mann sieht sich in erster Linie als eine offizielle Person. Und alberne Modegags mitzumachen, das kann er sich gar nicht leisten. Das ist für ihn, als würde er seine ganze Persönlichkeit verändern. Und außerdem würde er sich ja nicht einmal mehr im Spiegel wiedererkennen.

In der Freizeit kann man mit manchem Mann allerdings seine Wunder erleben. Dann steigt er in die ältesten Klamotten. Und wenn er liest, daß vernachlässigte Freizeitkleidung ein Zeichen von hohem Intellekt ist, dann zieht er auch seine zerrissenen Jeans an.

Und fällt wieder nicht auf in seiner Freizeittarnung.

Männer sind tapfer, aber Frauen haben Mut

Männer können sich überwinden und schauen einer Sache fest ins Auge, Frauen sehen aus den Augenwinkeln, wenn sich eine Chance bietet.

Ein junges Ehepaar will seine erste gemeinsame Wohnung beziehen. Sie schleppen schon vor dem Einzug wie die Hamster Hausrat in die neue Wohnung. Auf einem ihrer vielen Gänge vom Auto in den zweiten Stock begegnet ihnen auf der Treppe ein wüst aussehender Betrunkener. Er fixiert den

Mann der jungen Ehefrau, und der gibt den Killerblick zurück. Der Betrunkene beobachtet sie, verläßt das Haus.

Als sie oben in ihrer Wohnung ihre Sachen auspacken und sich darüber lustig machen, in welches Haus sie da gezogen waren, hören sie plötzlich im Hausflur einen Mann herumbrüllen und gegen eine Tür treten. »Mach die Tür auf, oder ich bringe dich um, du Hure«, dröhnt's durchs Haus.

Der junge Ehemann blickt vorsichtig vor die Tür. Es ist der Betrunkene von vorhin, der ein Stockwerk unter ihnen randaliert.

»Und wenn er raufkommt?« fragt die junge Frau.

Ihr Mann hat gerade ein Selbstbaumöbel ausgepackt und hält das Tischbein in der Hand. »Dann soll er.«

Da sagt die junge Frau: »Ich laufe schnell an ihm vorbei und ruf' die Polizei.«

Der Mann kam nicht herauf, und sie hat es nicht getan, weil ihr Mann sie davon abhielt.

Aber – bei Jupiter! – sie hätte es getan.

Männer müssen genau hinsehen, aber Frauen beobachten beim Wegschauen

Wenn Männer einen Menschen ansehen, dann schauen sie ihm gerade ins Gesicht. Sie nehmen ihn sozusagen durch Anstarren unter die Lupe. Ein Blickverhalten, das je nach Sehvermögen penetrant bis manchmal richtig belästigend sein kann. Je schlechter einer sieht, desto starrend-stechender wird sein Blick.

Männer dringen mit ihren Blicken in fremde Reviere ein und können damit ohne weiteres die persönliche Schutzzone eines anderen Menschen verletzen, ohne es in den meisten Fällen eigentlich zu wollen.

Aber sie können es, und sie setzen es auch durchaus bewußt als Waffe ein, um andere Menschen in ihre Schranken zu weisen. Väter können ihre Kinder mit den Augen dirigieren. Und dieses Blickverhalten ist überall dort zu beobachten, wo mehrere Männer in einer Runde zusammensitzen – ob am Stammtisch im Wirtshaus oder bei Konferenzen in Chefetagen. Sie können einander durch Blickkontakte das Wort abschneiden und stecken in bestimmten Situationen mit den Augen ihre Rangordnung ab. Das ist schon fast ein Ritual. Und Männer akzeptieren das bei Männern auch.

Aber in Wirklichkeit können Männer mit ihren Augen nicht viel anfangen. Sie können sich damit nicht einmal verstellen. Männer haben ein einfaches, geradezu plumpes Augenausdrucksvermögen. Ihre augenblickliche Einstellung zur Umwelt ist sofort zu durchschauen.

Wer auf der Straße einem Mann begegnet und ihm in die Augen schaut, der weiß eigentlich alles. Am Blick eines Mannes kann jeder auch sofort erkennen, ob er Sympathie oder Antipathie für einen anderen empfindet. Er kann Augen machen wie ein Teddybär, dem man sein Lieblingsmenschenkind weggenommen hat, oder Schlangenaugen wie eine Kobra, die jeden Augenblick zustößt oder gleich aus zwei Metern ihr Gift verspritzt.

Frauen sind da viel gewiefter. Psychologen bescheinigen ihnen sogar das »typisch weibliche Blickverhalten«. Sie können einen anderen Menschen – besonders einen Mann – nicht so direkt mit ernster Miene anschauen. Entweder sie brechen den Blickkontakt ab, das heißt, sie sehen gleich wieder weg, oder sie zaubern zum Blickkontakt ein entwaffnendes Lächeln auf ihr Gesicht. Alles andere könnte als Einladung mißverstanden werden; ganz besonders, wie es die Psychologen überspitzen, als sexuelle Aufforderung.

Aber das stimmt so nicht ganz. Frauen können mit ihren Augen sehr viel mehr. Sie können zwar nicht um die Ecke schauen, aber sie benutzen scheinbar ihr ganzes Gesichtsfeld zum Sehen: nach oben, nach unten, nach links und nach rechts. Hebt oder senkt sie den Blick, dann ist es durchaus möglich, daß sie nur pro forma wegschaut. Denn nach oben und unten kann das Auge innerhalb eines Winkels von 60 Grad noch immer alles überblicken. Und nach der Seite noch mehr. Das sind mit beiden Augen gesehen immerhin 100 bis 120 Grad nach beiden Seiten hin, mit einem Auge immerhin 90 Grad.

Das ist exakt der Raum, den man, ohne den Kopf zu drehen, bei geradeaus schauendem, unbewegtem Auge seitlich überblicken kann. (Zum Selbsttest: Arm zur Seite ausstrekken, Zeigefinger erheben, Arm langsam nach vorne bewegen, bis der Zeigefinger sichtbar wird – das ist das seitliche Gesichtsfeld.) Auch dieses Blickverhalten kann man auf der Straße beobachten. Ein Mann und eine Frau begegnen einander und sehen sich flüchtig an. Nach kurzer Zeit wird die Frau ihren Blick senken oder abwenden – und zwar genau aus den Gründen, die von den Psychologen als Schutzverhalten definiert werden.

Aber in Wirklichkeit schaut sie gar nicht weg. Sie schwenkt ihre Augenachse nur um maximal 90 Grad und sieht den Mann immer noch an. Wer das einmal weiß, hat einen Frust weniger. Denn so eine Straßenbegegnung kann sehr reizvoll sein. Männer müssen sich zum Beobachten da schon hinter einer Zeitung verstecken. Und die Westernhelden müssen sich den Stetson tief ins Gesicht ziehen und so tun, als würden sie schlafen.

Männer tun auch immer so, als wären sie gar nicht interessiert. Sie müssen aber immer genau hinschauen. Männer haben da natürlich auch ihre Tricks. Sie schauen wirklich um die Ecke.

Sie benutzen Spiegel oder Spiegel in Spiegeln. Auch jede Schaufensterscheibe ist ihnen recht. Wenn Sie einem Mann, der vor einer Schaufensterscheibe steht, auf die Schultern klopfen, wird er sich in den meisten Fällen nicht umdrehen, sondern in den Spiegel schauen, wer hinter ihm steht. Sie können auch die Fensterscheiben von vorüberfahrenden Autos oder Straßenbahnen dazu benutzen. Das macht sie in Agentenfilmen so interessant. In Wirklichkeit sind sie aber die schlechteren Spione.

Denn genau hinschauen – selbst über fünf Ecken – muß ein Mann immer.

Eine Frau schaut ganz einfach woanders hin. Und sie sieht trotzdem alles.

Genau hinsehen muß eine Frau nie.

So wunderbar einfach ist das.

Männer können schmeicheln, aber Frauen können loben

John ist ein Söldner und Feuerwehrmann ganz besonderer Art. Er wird von Großverlagen angeheuert, wenn es darum geht, blitzschnell neue Zeitungsprojekte aus dem Boden zu stampfen, um sie auf dem Markt zu testen.

Da sitzt er dann mit einer zusammengewürfelten Mannschaft zwölf Stunden pro Tag in irgendeiner Hinterhausredaktion und schaufelt Seite um Seite hinaus. Wenn seine Mitarbeiter ihm Texte auf den Tisch legen, liest er gleich einmal darüber, sieht den Autor an und sagt ihm: »Toll, ganz toll hast du das gemacht.«

Dann greift er zu seinem Rotstift und korrigiert so lange in dem Manuskript herum, bis der Verfasser seinen Text nicht mehr wiedererkennt.

Maria hat eine PR-Agentur – sie entwickelt Aktionen, um Produkte in Fernsehen und Presse bekannt zu machen. Auch bei ihr gehen viele Texte über den Schreibtisch. Auch sie sagt: »Toll.« Aber sie fügt gleich hinzu: »Und genauso machen wir das auch.«

Wenn Männer »toll« oder »super« sagen, dann sprechen sie leider das »aber« nicht aus, das sie zur Einschränkung meinen.

Und aus der eigentlich beabsichtigten Motivation wird nichts als Frust.

Wenn Frauen »toll« sagen, dann meinen sie es auch ohne jede Einschränkung.

Das wäre das größte Glück: Jeder macht nur das, was er wirklich kann

Daß sich Männer und Frauen durchaus ergänzen können, zeigt das Verhalten im täglichen Leben. Es funktioniert so lange klaglos, solange es nicht zu etwas Ähnlichem wie einem Kompetenzgerangel kommt, weil einer der beiden Partner glaubt, in einer bestimmten Situation ein Anrecht auf eine bestimmte Tätigkeit gepachtet zu haben. Darauf müssen beide Partner ganz besonders achten, wenn sie eine Arbeitsteilung planen. Daß es dabei zu Unstimmigkeiten kommt, ist unausweichlich, denn mischt sich der Mann in einen vermeintlichen Zuständigkeitsbereich der Frau oder die Frau in den des Mannes ein, dann wird automatisch ein defensives Verhalten provoziert, das meist zu aggressiven Abwehrreaktionen führt. Die Lage wird aus folgendem Grund aussichtslos:

Die Zuständigkeit hat sich nicht zwingend ergeben, sondern war künstlich geschaffen worden, weil man sie aus irgendwelchen Gründen vereinbart hat – was ja selbst bei der Verantwortung für die Betreuung des ererbten Familiensilbers ein haarsträubender Unsinn wäre, wenn der dafür Verantwortliche nichts anderes tut, als darauf zu achten, daß es nicht gestohlen wird.

Der Übergriff in die fremde Zuständigkeit erfolgt in mehreren Schritten.

Zuerst kommt die Kritik, dann die Androhung der Zuständigkeitsenthebung und als letztes die tatsächliche Zuständigkeitsentziehung durch Ansichreißen der – subjektiv oder objektiv – als vernachlässigt empfundenen Tätigkeit. Dazu kommt der psychologische Negativeffekt des Vertrauensentzugs, der bei Uneinsichtigkeit nicht nur zu einer Beleidigung, sondern auch unweigerlich zu einer Herabsetzung des Selbstvertrauens und zu einer beleidigenden Abwertung führt. Die Situation ist total verfahren, unbefriedigend für beide Teile und – abgesehen von diesen menschlichen Aspekten, die Mann und Frau jetzt für eine geraume Zeitspanne auseinanderdividiert – der Sache selbst absolut abträglich. Alles bleibt liegen – und wieder einmal ist Zeit verplempert, die dem viel wichtigeren Miteinander fehlt. Und zwar unaufholbar – für immer verloren. Denn auch eine Partnerschaft hat eine gewisse Lebenszeit. Und da kann eine halbe Stunde unheimlich viel ausmachen.

Anders ist das bei den natürlichen Kompetenzen nach dem Indianerprinzip, wonach wirklich immer nur der die Zuständigkeit hat, der auch die Qualifikation dafür mitbringt. Denn es soll unter allen Umständen – und das wäre das höchste Glück im Leben – ausschließlich der die Dinge tun, der auch tatsächlich mehr davon versteht.

Was der andere in der Zwischenzeit unternommen hat, waren dann Sofortrettungsmaßnahmen zur Abwendung größeren Schadens. Dann gibt es nicht das Gefühl, daß ein verletzender Übergriff stattgefunden hat, sondern nur die Beruhigung, daß der Spezialist endlich da ist und die Sache in die Hand nimmt. Der Indianer übernimmt das Steuer.

Wie in diesem Fall:

Frauen sehen alles, aber Männer haben ihre Augen überall

Katharina und Gottfried teilen sich viermal im Jahr eine schwere Arbeit. Durch Gottfrieds dienstliche Versetzung in eine 1 200 Kilometer weit entfernte Stadt sind sie von ihren Kindern getrennt. Da die Firma nur in der ersten Zeit für Freiflüge aufgekommen ist und die Kinder (nach dem Gesetz) erwachsen sind und eben auswärts studieren, können Katharina und Gottfried wählen zwischen Flugzeug, Eisenbahn oder Auto. Fliegen ist für beide zu teuer, Bahnfahren zu frustrierend – also haben sie sich ein rasantes »Fluchtgerät« gekauft. Um ihre Kinder zu sehen, fahren sie mit dem Auto. Beide fahren gleich gut, beide fahren gleich sicher, beide gleich gern und beide gleich schnell. Wenn auch Gottfried über die 200-Stundenkilometer-Grenze hinaus etwas schneller fährt, hält Katharina einen phantastischen Schnitt. Sie teilen sich die Fahrtstrecke nach Tankfüllungen – jeder fährt zwei. Nach jedem Tanken wechseln sie sich ab.

Bei normalem Autobahnverkehr gibt es keinerlei Probleme. Aber wehe, der Verkehr wird zu dicht oder zum Stau und Katharina fährt.

Da gibt es jedesmal Streit. Den letzten hatten sie im März beim Osterrückverkehr. Er dauerte mit Nicht-mehr-miteinander-Reden sinnlose zwei Stunden.

Katharina macht – in Gottfrieds Augen – den Fehler, viel zu vorsichtig an zu überholende Autos heranzufahren. Sie wartet, was der Fahrer auf der rechten Spur macht. Ob er vielleicht nicht ausscheren will, um selbst zu überholen.

Das macht Gottfried ganz nervös, weil er genau weiß, daß der Fahrer ebenfalls beobachtet, was der auf der linken vorhat.

Und Katharina zögert so lange, bis der Fahrer vor ihr meint, er könnte ausscheren, was er dann auch wirklich tut.

Das passiert jedesmal, und Gottfried weiß schon im voraus ganz genau, was seine Frau dann immer schimpft. Das nämlich: »Schau dir diesen Idioten an!« Und Gottfried ist in solchen Situationen immer wieder versucht, zu sagen, wen er jetzt für den Idioten hält. Er hat's noch nie getan, und davor wird er sich auch weiterhin hüten.

Völlig aus dem Nervenkonzept bringt ihn allerdings ihre Fahrweise im schleichenden Stau. Da wechselt sie ständig die Spur, wenn sie meint, in der anderen Schlange fährt sich's schneller.

Wenn da Gottfried die Bemerkung herausrutscht: »Jetzt bist du schon wieder in der falschen Spur«, dann gibt's die erste Auseinandersetzung. Dann sagt Katharina immer: »Dann sag mir doch, wie ich jetzt fahren muß.« Und so eine Bemerkung führt leicht zur Eskalation.

Dabei weiß Katharina, daß Gottfried geradezu ein Weltmeister im Staufahren ist. Er springt von links nach rechts – Zwischenräume gibt es immer genug bei den notorischen

Linksfahrern auf deutschen Autobahnen. Und verboten ist so etwas ja auch längst nicht mehr.

Im Stau ist Gottfried der Indianer.

Aber er muß jedesmal Katharina verbal dazu zwingen, daß sie auf den nächsten Parkplatz fährt, damit er ans Steuer geht. Und natürlich geht das nie ohne Zwist.

Es müßte so sein: Sobald eine solche Verkehrssituation erkennbar wird, sollte Katharina das Fahren von sich aus Gottfried überlassen.

Denn Staufahren kann eben Gottfried besser.

Aber da ist Katharina stur. Bis zum nächsten Tanken war bei Fahrtbeginn ausgemacht, und darauf besteht sie, weil sie gerne fährt.

So ist das leider immer wieder. Bedauerlicherweise findet keine echte Arbeitsteilung statt. Männer und Frauen lassen sträflich außer acht, die Fähigkeiten des anderen zu erkennen und für ein gemeinsames Ziel einzusetzen. Wenn das schon nicht automatisch geschieht, dann sollte es exakt abgesprochen werden. Das erspart eine Menge Ärger.

Wie man zuerst die beiden Geschlechter trennt und mit ihnen dann glänzende Geschäfte macht

Wer sich die Mühe macht, die Entwicklung an der Geschlechterfront zu beobachten, kommt bald zu der erschreckenden Erkenntnis: Alles, was Männer und Frauen verbinden könnte, wird generalstabsmäßig hintertrieben. Und das offensichtlich aus rein kommerziellen Überlegungen. Denn unternehmerische Erfahrungen haben gezeigt, daß ein streng geteilter Markt nach ganz einfacher Rechnung eben zwei Märkte erzeugt, aus denen sich auf die verschiedenste Art und Weise Kapital schlagen läßt. Man hat sozusagen den Umsatz in einem Aufwischen um stolze hundert Prozent erhöht. Also wird das Feuerchen ständig geschürt, geschürt und geschürt.

Und wieder sind es die Psychologen, die uns den denkbar schlechtesten Dienst erweisen.

In den USA ist es ihnen gelungen, Männer und Frauen in Männer- und Frauengruppen aufzusplitten.

Den Männern wird eingetrichtert, ein permanent schlechtes Gewissen zu haben und sich unbedingt ändern zu müssen. Und den Frauen wird eingebleut, Ansprüche zu stellen – je unverschämter, desto besser – und dafür das künstlich geschaffene schlechte Männergewissen als besten Nährboden zu betrachten.

Die Frauen, sagen die Psychologen im Land der unbegrenzten Unmöglichkeiten, haben die Macht. Und die Männer seien machtlos.

Denn die Frau sei im Besitz jener Sexualität, hinter der der Mann sein Leben lang her ist, denn sonst habe er ja nichts im Kopf. Das sei einfach sein einziges Lebensziel.

Sie – die Frau – könne Sexualität verweigern oder streng dosieren – je nach Bedarf, und auf jeden Fall als Repressalie.

So etwas leuchtet allen Dummen dieser Welt natürlich blitzschnell ein. Das macht vielen Frauen ihre »Macht« bewußter, und den Mann macht es noch »machtloser«.

Und die Geschäftstüchtigen unter den Psychologen und Psychotherapeuten leiten daraus ihre lukrativen Philosophien ab, die sie für 25 Dollar pro Dreistundensitzung an die Zwangsinteressierten weitergeben: Wenn sich eine Frau schon an einen Mann verschenkt, dann soll es auch der richtige sein. Dafür gibt's schon regelrechte Kurse – das ist kein Witz.

Das Institut »Unbegrenztes menschliches Potential« an der kalifornischen Universität von San Diego führt einen solchen Kurs durch. Die »Kommunikations- und Partnerschaftsberaterin« Barbara Jones wirbt dafür mit dem griffigen Slogan, den sie sich aus William Faulkner's Roman »The Hamlet« (lief im Fernsehen als der Zweiteiler »Flammender Sommer« mit »Miami-Vice«-Star Don Johnson) entlehnt und auf Frauen übersetzt hat: »Es ist genauso leicht, sich in einen reichen Mann zu verlieben wie in einen armen.« Ihr

Kursprogramm hat den werbeträchtigen Titel: »Wie man Geld heiratet«. Der Mann ist nur noch Mittel zum Zweck – ein Luxusexistenzobjekt.

Einen ähnlichen Kurs veranstaltet in New York die Psychotherapeutin Joanna Steichen. Dort lernen Wißbegierige, »wie man nach oben heiratet«.

Alles nach dem schönen Motto: lieber reich geschieden als arm verheiratet. Es ist eben doch alles nur Gold, was glänzt.

»Flashdance-Phänomen« nennt der New Yorker Psychologe WARREN FARRELL diese neue Taktik nach dem gleichnamigen Film.

Eine Frau muß sich nur den richtigen Gönner angeln. Ihre einzige Investition, spottet Warren Farrell in seinem Buch »Why men are the way they are«: ein bißchen aussehen wie eine Prinzessin.

Wenn es (der amerikanischen?) Frau erst einmal gelungen ist, die Aufmerksamkeit ihres Auserwählten gebührend auf sich zu lenken, dann ist sie ihrer Zukunftssorgen enthoben und kann alles Weitere nach Belieben steuern. Und ihre erste Pflicht dabei heißt: sich rar machen. Denn Männer betteln doch nur so um Sex.

Wenn es Amerika nicht gäbe, wäre SIGMUND FREUD in der Wiener Berggasse jämmerlich versauert.

Wenn diese Bewegung nach Europa kommt, dann gute Nacht!

Es ist nur zu hoffen, daß diese partnerschaftsfeindliche Bewegung Europa fern bleibt und an den Gestaden des amerikanischen Kontinentalsockels zerbröselt. Denn es ist nicht auszuschließen, daß anderenfalls der Geschlechterkrieg bei uns ganz brutal ausartet. Im Geschäftemachen stehen die Europäer in ihrer noch nicht uniformierten Mentalitätsvielfalt den amerikanischen Freunden in nichts nach. So schnell könnte gar niemand schauen, wie es auch hier überall Kurse und Gegenkurse gäbe und Agenten auf beiden Seiten, um auf die jeweiligen Taktiken augenblicklich mit neuen reagieren zu können.

Und sicher gäbe es dann auch bald eine neue Internationale: Geschlechter, hört die Signale ... Sie würden von überall zu hören sein, eines lauter als die anderen. Wäre das ein Lärm in Europa!

Nicht auszudenken, was da alles auf uns zukäme. Das schlimmste wäre, und das bliebe sicher nicht aus: Männer und Frauen würden einander aus Mißtrauen aus dem Weg gehen und sich so lange weiterbilden in ihrem Feind-Eroberungs-Metier, bis alles – aber auch schon wirklich alles – nur noch Theorie ist. Alles kann dann bis ins kleinste Detail geplant und im Trockenkurs geübt werden.

Und die Briefkästen werden voll sein mit den schönsten Prospekten auf Hochglanzpapier, in denen die verheißungsvollsten Spezialkurse angeboten werden. Für die Herren einer in den Schweizer Alpen: Wie werde ich schnellstens ein Macho und wie angle ich mir eine wirklich reiche Frau. Und einer an der Côte d'Azur für Damen: Wie erkenne ich schnellstens einen Kursteilnehmer aus den Schweizer Alpen. Dort wird man das richtige Timing lernen und erst dann auf Brautschau gehen, wenn die Biologie den günstigsten Zeitpunkt schafft: im Frühling.

Denn dann bereitet uns die Zirbeldrüse im Gehirn die besten Voraussetzungen.

Das stärkere Licht nach dem dunklen Winter gibt der Epiphyse den Befehl, das Hormon Melatonin freizusetzen, das im Organismus eine Hormonkettenreaktion auslöst, die wiederum die sogenannten frühlingshaften Gefühle im Menschen weckt.

Da aber kein Mensch die Geduld aufbringt, ständig ein ganzes Jahr auf den Frühling zu warten, empfiehlt sich gleich der nächste Kurs: Wie zwirble ich meine Zirbeldrüse und erziele zum richtigen Zeitpunkt die gleiche neurochemische Reaktion bei anderen Menschen?

Was, bitte schön, soll dann noch schiefgehen?

Männer lieben den Wohlstand, aber Frauen sind auf Luxus eingestellt

Haus, Auto, adrette Familie, Lebenstandard – dafür leben und arbeiten Männer. Je mehr, desto besser, je größer, desto imposanter. Wohlstand und Lebensstandard entsprechen der Hamstermentalität des Mannes. Er muß Reserven auf der hohen Kante haben, dann ist er beruhigt und zufrieden.

Frauen brauchen da noch ein bißchen mehr.

Nein? Stimmt nicht?

Dann sei einmal empfohlen, genau darauf zu achten, was beispielsweise nur die kosmetische Industrie mit Frauen macht. Sie behandelt sie, als gäbe es ausschließlich Aschenputtel auf dieser Welt.

Aber nicht von ungefähr hütet man sich davor, irgendein Schönmachprodukt »Cinderella« zu nennen. Denn dann wäre es aus mit dem guten Geschäft.

Und das wäre nicht auszudenken. So wurden allein in der Bundesrepublik Deutschland 1988 560 Millionen Mark für Kosmetikwerbung ausgegeben. In ganz Europa hat der Umsatz der kosmetischen Industrie inzwischen die 40 Milliarden-Grenze überschritten.

Die Agenturgruppe *FCA!*, Paris, und ihre deutsche Tochterfirma *Logo. FCA!* haben eine Untersuchung durchgeführt zum Thema »Die europäische Frau und der Kosmetikmarkt«.

Ausgangsüberlegung war, »daß gesamteuropäische Ansichten die auf einzelne Länder abgestimmten nationalen Ansichten abzulösen scheinen«.

Untersucht wurden 120 Zeitschriften aus ganz Europa auf ihren kosmetikbezogenen Inhalt, mit dem Ziel, Unterschiede und Ähnlichkeiten eines nationalen Frauenbildes im Vergleich zu einem europäischen Frauenbild aufzuzeigen – natürlich um eine bestimmte Produktpositionierung herauszuarbeiten. Damit ein international gängiges Muster gefunden wird, um alle Damen Europas werblich unter einen Hut zu bekommen.

Die Idealvorstellung wäre natürlich, eine paneuropäische Gesamtschönheit zu finden. Denn dann bräuchte man sich nicht mehr nur für nationale Märkte den Kopf zu zerbrechen, sondern könnte internationale Werbekonzepte anwenden.

Das funktioniert international heute erst bei den Schlankmachern. Schön ist gleich schlank, heißt die Devise, die irgendwann einmal ausgegeben wurde und heute noch immer gilt. Daher kann man damit rechnen, daß der brennende Wunsch, überschüssige Pfunde loszuwerden und seine Figur um zwei Kleidergrößen zu verschmälern, ein internationales Anliegen ist und noch lange bleiben wird.

Auch die Werbung für Haarkosmetik könne man heute schon weitgehend international angehen, fanden die FCA!-Forscher. Da hat man schon Großbritannien und die gesamten Mittelmeerländer unter einem Hut. Dort gelte die Frisur überhaupt als wichtigster Ausdruck der eigenen weiblichen Persönlichkeit. Frisur und Haarfarbe werden zum individuellen Schmuckstück für jede Frau.

Die Werbung für Sonnenschutzmittel muß zum Beispiel schon auf klimatische Bedingungen Rücksicht nehmen. So wird den von der Sonne verwöhnten Südländerinnen gegenüber der pflegende Aspekt betont, im feuchten England die schützende Wirkung und im Klimamischmasch Deutschland und den Niederlanden die unterstützende Wirkung beim Bräunen.

Die europäische Gesamtschönheit muß also her – der Typ der flächendeckenden Universalfrau, die die Eigenschaften der Sizilianerin, der Finnin, der Irin und morgen möglichst auch der Russin in sich vereinigt.

Eine Untereinteilung dieses Schönheitsideals gibt es schon. Die FCA!-Untersuchung unterscheidet entsprechend ihrer Einstellung zur Schönheit vier Frauentypen, die in bestimmten Ländern besonders auftreten und in Zeitschriften dargestellt werden:

»Die aktive Frau«, die die Forscher hauptsächlich in Deutschland und in den Niederlanden sehen.

»Die Verführerin«, die in Italien lockt.

»Die Perfektionistin«, die in Frankreich und in Großbritannien zu Hause ist.

Und »die bezaubernde Frau«, die man angeblich offenbar ausschließlich in Spanien findet.

Soziologisch wird dann auch gleich gewertet. Bevorzugt dargestellt wird in französischen Zeitschriften – mit einem prognostizierten 15-Milliarden-Mark-Umsatz größter Kosmetikmarkt Europas – ein Frauentyp, der »eigenverantwortlich und unabhängig von Familie und Status« leben möchte. Natürlich: Wer für niemanden zu sorgen hat, dem läßt sich besonders leicht das Geld aus der Tasche ziehen. Die »lateinische Frau« hingegen sei eher beschaulich dargestellt, und das entspräche auch ganz ihrer weitgehend sozialen Unselbständigkeit.

Frauen sind für die Kosmetikbranche zwar ein großer, aber doch wieder nur der halbe Markt. Jetzt geht's auf die Männer los. Die Werbung schießt sich schon auf sie ein. Wer ein bestimmtes Deo benutzt, dem fliegen – pfffth! – nur so die Türen zum Erfolg auf.

Der Duftwässerchenmarkt hat den Mann schon auf seine Weise vereinnahmt. Während die internationale Parfumwerbung den Damen die Augen glänzend macht mit Reizthemen wie »Bezauberung, Sinnlichkeit, Beschaulichkeit, Unberührtheit«, lockt sie den Mann mit Attributen wie »herb, männlich, für richtige Männer« – na, wie gehabt: mucho Macho.

Also, auf die Kosmetikbranche können wir uns auch nicht verlassen, daß sie Frauen und Männer zusammenbringt. Sie trennt uns mehr als alles andere.

Denn sie baut klammheimlich eine andere Macht auf – die Macht der Schönheit, gegen die die Männer nur verblassen. Mit einer Ausnahme allerdings: Männer werden in der Sonne gerne braun, und Frauen haben Angst vor Falten.

Aber aus Amerika kommt schon seit geraumer Zeit die Kunde: braun ist out, denn braun ist ungesund. Aber die bösen Bräunungsfolgen lassen sich verhindern. Wodurch?

Sie fragen noch? Durch Cremes natürlich.

Männer halten zusammen, aber Frauen sind solidarisch

Der Stoff ist bald 2 400 Jahre alt, eine der ersten großen Komödien des Abendlandes, und doch könnte die ganze Geschichte heute wieder funktionieren.

Der griechische Komödiendichter ARISTOPHANES hat den Peloponnesischen Krieg sieben Jahre vor seinem tatsächlichen Ende auf seine Weise beendet und zum Frieden geführt. Damals um 411 vor Christus ein politisch hochbrisantes Stück, denn Athen befand sich zu dieser Zeit seit zwanzig Jahren im brudermörderischen Kampf mit Sparta um die Vorherrschaft in Griechenland.

In »*Lysistrata*« läßt er die Frauen Athens und Spartas in einen Ehestreik treten, um ihre Männer zum Friedensschluß zu zwingen. Make love not war – den Slogan hätte Aristophanes damals dringend gebraucht. Und es funktionierte. Keine Frage, was den Männern (im Theater) lieber war.

Männer haben Zahlen im Kopf, aber Frauen können rechnen

Die ganzen wissenschaftlichen Kontroversen, ob jetzt Frauen oder Männer besser in Mathematik sind, sind für die Katz'. Ausgangspunkt für diese nach wie vor schwelenden Streitereien, bei denen sich hauptsächlich die weiblichen Wissenschaftler aus dem feministischen Lager diskriminiert fühl(t)en, waren Ergebnisse aus einem einfachen amerikanischen Studienfähigkeitstest. Da gibt es unter anderem Beispiele zu lösen wie dieses: Ein Mann hinterließ seiner Tochter $^2/_5$ seines Besitzes und seinen drei Söhnen je $^1/_{20}$. Wieviel bekam seine Frau? $^1/_5$? $^3/_{10}$? $^2/_5$? $^9/_{20}$?

Gefragt bei diesem Test ist nicht die große Rechnerei, sondern ein wenig mathematisches Nachdenken. Und dabei schnitten halt Buben besser ab als Mädchen. Man hätte geradesogut nach einer europäischen Hauptstadt mit drei Buchstaben fragen können und den ersten Buchstaben mit R und den letzten mit M vorgeben können: R. M. Da gibt's auch nur fünf Möglichkeiten. Aber das dürfen die beleidigten Wissenschaftlerinnen gar nicht wissen.

Im Grunde besagt dieses Testergebnis eigentlich gar nichts. Aber seitdem ist der akademische Teufel los.

Dabei ist alles ganz einfach: Männer denken anders als Frauen (siehe Seite 52). Männer haben eben Zahlen im Kopf, aber Frauen können damit praktisch rechnen. Als Erbin wüßte sie schon längst, was sie zu bekommen hat – auf Heller und Pfennig genau.

Männer lieben Zahlen über alles. Zahlen sind Fakten, die für Männer Bände sprechen. Das fängt bei der Technik an, geht über die Geschichte, die Wirtschaft bis hin zur Beweiskraft von wissenschaftlichen Untersuchungen. Zahlen, meinen Männer, lügen nicht. Und sie lassen sich auch am besten einordnen. Das ist neben ihrer bewundernswerten Kürzelhaftigkeit wahrscheinlich der einzige Grund. Für Männer haben Zahlen etwa die Bedeutung wie für die Wissenschaft die Nomenklatur: Wenn Zahlen genannt werden, dann weiß man genau, wovon geredet wird.

Für Frauen haben Zahlen eine rein praktische Bedeutung: Man kann mit ihnen rechnen.

Bei einer Rechnung im Restaurant wird der Mann das Kürzel Preis in erster Linie mit der konsumierten Ware vergleichen. Die Frau wird als erstes einmal zusammenrechnen und das Endergebnis kontrollieren.

Bei Zweifeln sei geraten: Zuerst die Partnerin auf die Rechnung schauen lassen.

Und noch eins: Auch kaufmännisch sind Frauen tüchtiger – zumindest, was Firmengründungen und das nachfolgende Durchhalten betrifft. In der Bundesrepublik Deutschland wurden im Jahre 1988 552 000 neue Firmen gegründet, davon 127 000 von Frauen: Frisiersalons, Boutiquen, Schneidereien, Gaststätten. Und sie verkalkulierten sich auch nicht. Nach einer Statistik der Banken, die Startkapital finanzierten, kam keine einzige Frau in Schwierigkeiten – von den Männern mußten 20 Prozent Konkurs anmelden.

Frauen sind der Technik gegenüber mißtrauisch, aber Männer trauen der Technik nicht ganz

Frauen haben eine wunderbar natürliche Einstellung zur Technik. Für sie ist alles, was auch nur halbwegs automatisch Arbeitsgänge einspart, eine willkommene Hilfe. Frauen haben vollstes Vertrauen zu technischen Geräten. Wenn sie aber aus irgendwelchen Gründen einmal nicht funktionieren, dann werden sie ganz unsentimental in eine Ecke gestellt, bis einer kommt, der sie repariert oder zum Wegwerfen und zum Kauf eines neuen rät. Für Frauen ist Technik das, was sie sein soll: ein Sklave.

Bei Männern ist das genau umgekehrt: Sie sind Sklaven der Technik. Für sie sind technische Geräte etwas wunderbar Kompliziertes und daher auch ein bewundernswerter Luxus, der gehegt und gepflegt werden muß. Wenn so ein Ding einmal nicht mehr funktioniert, geraten Männer leicht aus dem Häuschen und versuchen die unsinnigsten Dinge, es wieder in Gang zu bringen. Denn im Grunde genommen mißtrauen Männer der Technik und sind immer wieder fasziniert, daß sie trotz ihres Mißtrauens funktioniert. Männer neigen auch leicht dazu, sich der Technik gegenüber für überlegen zu halten. Das halten Frauen für kleinlich.

Aber diese Kleinlichkeit würde sich zumindest in einem Fall wie diesem auszahlen:

Michael, ein begeisterter Sportflieger, mußte zu einem dringenden Termin von Wien nach München. Er charterte in Wien-Schwechat eine einmotorige Maschine. Er wußte von früheren Flügen, daß das Tankanzeigeinstrument bei diesem Maschinentyp falsch anzeigte. Beim Einchecken wurde ihm gesagt, daß das Instrument ausgetauscht wurde. Es wurde ihm auch die Rechnung über den Austausch gezeigt.

Michael blieb mißtrauisch. Er ließ sich den Tankdeckel öffnen und tastete mit dem Finger hinein. Der Tank war voll. Dieser Tip sei allen Sportfliegern weitergegeben. Kleine Flugzeuge stürzen immer wieder ab, weil Tankanzeigen nicht funktionieren.

Männer sind Schauspieler, aber Frauen machen Theater

Wenn Männer in die Lage kommen, lügen zu müssen, dann bereiten sie sich vor, als gälte es, ein ganzes Theaterstück zu spielen. Sie haben die Formulierungen im Kopf, die Stichworte fürs Für und Wider, die Gestik. Alles wird dramaturgisch durchgeplant – vom Auftritt bis zum Abgang. Und wenn nichts Unvorhergesehenes passiert, dann legen sie eine Lügennummer hin, für die sie auf jeder Bühne drei Vorhänge bekämen.

Männer sind überhaupt große Schauspieler mit einem ganz ansehnlichen Repertoire. Am besten können sie den »Ahnungslosen« spielen. Auch den »Überraschten« haben sie gut drauf und den »Sachverständigen«. Wenn ihnen die nötigen Requisiten zur Verfügung stehen, dann haben sie auch mit dem »Erfolgreichen« Erfolg. Ganz groß sind sie allerdings als »Uninteressierte« und in der Understatement-Rolle »lässig cool«. Nur in einer sind sie schrecklich schlecht: als »Verlierer«.

Männer sind exzellente Schauspieler. Aber Theatermachen, das können nur Frauen. Frauen stolzieren oft mit abgrundtiefer Lust am Kraterrand. Sie kennen keine Hemmungen. Sie lassen ihren Reaktionen freien Lauf. Ob sie die »Unglückliche« spielen, die »Beleidigte« oder die »Berühmte«. Und alle müssen mitspielen. Sie beziehen ihr Publikum gleich in ihr Stück ein.

Und wenn gar nichts mehr hilft, dann können sie wie auf Knopfdruck Tränen fließen lassen.

Das halten sie überhaupt für das beste Ablenkungsmanöver.

Frauen sind ordentlich, aber Männer halten Ordnung

Es ist ein weitverbreiteter Irrglaube, daß Frauen mehr zu Schlamperei neigen als Männer. Man sieht viel weniger schlampige Frauen als schlampige Männer.

Frauen haben nur ihre eigene Vorstellung, was Ordnung ist. Ordnung heißt bei ihnen in erster Linie: weggeräumt – nichts liegt mehr im Weg. Wollen sie etwas, was sie einmal abgelegt haben, später wieder finden, dann geht in den meisten Fällen die große Sucherei los. Und da kann es schon vorkommen, daß es bei eiligerem Herumgestöber etwas hektisch zugehen kann. Denn das Ding ist ja da – fragt sich nur: wo?

Eigentlich bräuchten Frauen zum Suchen einen Bagger. Denn sie legen – mathematisch gesehen – in klar definierten Mengen ab. Alles auf- und übereinander – nebeneinander nur, wenn's gar nicht zusammenpaßt. Wahrscheinlich hat die strenge Löffel-Gabel-Messer-Fächer-Ordnung in der Küchenlade ein Mann erfunden. Einer Frau hätte eine Lade für die Gattung »Eßbesteck« genügt.

Sind Männer nur zu faul zum Suchen? Bei ihnen hat alles seinen angestammten Platz. Alles muß auf einen Griff zu finden sein. Ist das nicht der Fall, dann werden Männer hektisch. Dann ist der Gegenstand, den sie gerade brauchen, nicht verlegt, sondern weg, verschwunden. Und meistens vermuten sie dabei auch noch Fremdverschulden.

Aber ihr penibler Ordnungsfimmel hat schon was für sich. Manche Dinge muß man wirklich schnell auf einen Griff haben. Und die sollte der Mann ordnen.

Er wird nichts dagegen haben, wenn die Frau sie zwischendurch gebraucht. Aber es wäre dringend angeraten, sie wieder in Sektor A, Gruppe 2, Fach 5 zurückzulegen. Und zwar genau dort.

Männer werden zornig, aber Frauen geraten in Rage

Wenn Touristen nach Hamburg kommen, besuchen sie natürlich den Hafen. Und wenn sie schon einmal dort sind, dann möchten sie auch im Open-air-Anarchisten-Zoo in der Hafenstraße die Chaoten besichtigen. Meist lassen die sich kaum sehen, und so besteht für die Fremden auch kein Grund, ihr Auto nicht vor diesen Häusern zu parken. Aber ungestraft hat das bisher noch keiner getan.

Ian, ein junger Soldat aus Glasgow, der mit der Englandfähre an einem späten Nachmittag nach Hause fahren wollte, parkte sein Auto (englisches Kennzeichen) in der berühmten Hafenstraße. Er war zu früh dran und wollte die Zeit für einen kurzen Reeperbahnbummel nutzen. Als er zurückkam, war sein Auto mit Eisenstangen zertrümmert, das Gepäck gestohlen, und auf dem, was von seinem Auto noch übriggeblieben war, die mit Sprühdosen aufgesprühte Warnung: »IRA gets you« – Dich kriegt die irische Terrororganisation.

Ian, nicht mit den Hamburger Gepflogenheiten vertraut, ging auf die nächste Polizeiwache und wollte eine Anzeige erstatten. Als er merkte, daß da kein besonderes Interesse an der Verfolgung dieser Straftat bestand, wurde er wütend. Er begann herumzubrüllen, die Polizisten zu beschimpfen, und er konnte von Glück reden, daß er nicht selbst eingesperrt wurde.

Annemarie, Studentin aus Düsseldorf, erlitt das gleiche Schicksal. Auch sie hatte ihr Auto vor den Hafenstraßen-Häusern geparkt. Als sie zurückkam, waren die Autofenster eingeschlagen, das Radio ausgebaut und eine Tasche gestohlen, in der sie wichtige Papiere hatte.

Auch Annemarie wurde wütend, aber sie rannte nicht zur Polizei. Sie geriet so in Rage, daß sie das erstbeste der Hafenstraßen-Häuser stürmte, gegen Türen trat, ein Fenster einschmiß und so lange herumschrie, bis ihr verdutzte Hausbewohner versprachen, die Papiere wieder zu beschaffen. Die händigte man ihr tatsächlich auch eine halbe Stunde später in einem nahegelegenen Lokal aus.

Wir sind ganz schön eingebildet, aber uns fehlt das Selbstwertgefühl

Wir nehmen einmal das Ideale an: Eine Partnerschaft ist von Dauer. Und zwar bis In-Ewigkeit-Amen. Das gibt es – viel öfter, als so manche glauben.

Es sei sogar die Behauptung gewagt: Das ist statistisch gesehen der Normalfall.

Dazu bedarf es aber eminenter Anstrengungen von beiden Seiten. Würde man die Hochs und Tiefs über die ganze Zeitspanne einer solchen Partnerschaft grafisch darstellen wollen, ergäbe das eine wild gewordene EKG-Kurve, die sich erst sehr spät auf normal einpendelt. Ein Kardiologe müßte nur einen kurzen Blick darauf werfen, um zur Diagnose zu kommen: Medizinisch gesehen, entspricht das dem Bild einer permanenten paroxysmalen Tachykardie mit Extrasystolen – ein anfallsartiges Herzrasen mit Rhythmusstolpern. Diese Symptomatik ist die Folge von ständigen Anpassungszwängen, und den fieberhaften Versuchen, einen harmonischen Zustand aufrechtzuerhalten oder ihn wiederherzustellen. Man muß bedauerlicherweise davon ausgehen, daß der Mensch im Laufe seines Zusammenseins mit anderen kontinuierlich an Attraktion einbüßt. Ganz automatisch, da braucht er sich gar nichts zuschulden kommen zu lassen. Der Reiz des Neuen ist weg, und der alte Glanz hält auch nicht ewig.

Das muß einem erst einmal voll bewußt sein, bevor man irgendwelche Kraftakte versucht, die der andere in seinem augenblicklichen Frust mißverstehen könnte.

Der Mensch hat nämlich einen inflationären Charakter. Um seinen persönlichen Wert aufrechtzuerhalten, muß er immer mehr investieren. Da genügt die einseitige Scheinerkenntnis nicht, mit dem anderen glücklich zu sein. Dieses subjektive Gefühl ist bekanntlich trügerisch. Es macht einen nur blind und unfähig.

In Wirklichkeit steht unser Selbstwertgefühl nämlich auf sehr wackeligen Beinen. Wenn uns einmal etwas Außergewöhnliches geglückt ist – etwas, was wir uns gar nicht zugetraut hätten –, dann kann uns dieses überraschende Glücksgefühl in Sekunden umhauen. In Wirklichkeit halten wir es nämlich gar nicht für möglich, und dann gehen wir der Euphorie auf den Leim. Sich in Euphorie baden, unterbricht die Handlungsfähigkeit, und das kann für uns katastrophale Folgen haben. Wir vermeinen, einen Freund gefunden zu haben. Und das ist gar nicht der Fall, wir glauben das nur, weil wir es so gerne möchten. Wir haben uns verliebt, und die freundlichen Reaktionen des anderen ermuntern uns dazu, das zu glauben, was wir erhoffen. Wir tun dann nichts mehr im Augenblick des Sonnenscheins, und dann prasselt es eben auf uns hernieder. Denn wir haben alles mißdeutet.

Das ist wie bei anderen, harmloseren Dingen als der Liebe. Schifahrer kennen das. Das ist wie der schlagartig einsetzende Mißerfolg beim Glücksgefühl Tiefschneefahren. Man wundert sich – freudig erschrocken –, daß man das tatsächlich kann und in 70 Zentimeter Pulverschnee bereits fünf saubere Schwünge den Berg heruntergezogen hat. Schon ist die Konzentration weg und die Handlungsfähigkeit unterbrochen, die zur Vorbereitung des nächsten Schwunges nötig gewesen wäre – und prack! – haut's einen rein, als hätte einen der Blitz getroffen.

Oder beim Tennis: Man führt in einem Match gegen einen besseren Spieler 4 : 0 – wundert sich wieder in freudigem Erschrecken – und wenig später hat man den Satz 4 : 6 verloren, so schnell kann man gar nicht schauen.

Je mehr Frauen fragen, desto schweigsamer werden die Männer

Mann und Frau müssen in eine Partnerschaft beiderseits eine Menge an gegenseitigem Verständnis einbringen.

Das ist zwar wahnsinnig unpraktisch, aber so eine Partnerschaft müßte eigentlich ständig am EKG und am EEG hängen, um jede kleinste Veränderung sofort zu registrieren und augenblicklich Rettungsmaßnahmen einleiten zu können.

Da das aber nicht möglich ist, bleibt einem nur die Möglichkeit, Verhaltensmuster zu vermeiden, die zu Differenzen führen können.

Das sind auf den ersten Blick ganz harmlose Dinge, und so alltägliche, daß man ihnen eigentlich keinerlei Bedeutung zumißt. Und doch können sie allerhand Schaden anrichten, wenn man sie nicht bedenkt.

Frauen haben die Eigenschaft, Männer, die nach Hause kommen, mit Fragen zu überschütten. Fragen, die meistens nicht ausreichend beantwortet werden.

»Wie war's denn heute?« ist noch die einfachste. »Was gibt's Neues?« ist schon verfänglicher, weil es nach weiblicher Ansicht ja immer irgend etwas Neues gibt. Diese Frage mit »Nix« oder der Gegenfrage »Was soll es denn schon Neues geben?« zu beantworten, ist leichtsinnig und kann schon als Affront empfunden werden.

Die Reaktion auf die nicht befriedigte Neugier durch die unterlassene Mitteilsamkeit hält sich meist in den heiteren Grenzen des Schmollens und dem spaßig gemeinten Vorwurf: »Du hast mich nicht mehr lieb. Du erzählst mir nichts.«

Die amerikanische Gynäkologin und Sexualforscherin BARBARA BROSS rät Frauen überhaupt davon ab, ihren Männern zu viele Fragen zu stellen. Schon gar nicht solche: Bis du böse auf mich? Habe ich etwas falsch gemacht? Vor einer warnt sie ganz besonders: »Frage niemals einen Mann, was ihm an dir gefällt. Es ist fast so tödlich wie die Frage ›Liebst du mich?‹ Denn täte er es, würde er es unaufgefordert sagen.« Nein, meine Damen, mit den vielen Fragen haben Sie keine Chance.

Männer haben starke Argumente, aber Frauen haben das letzte Wort

Männer und Frauen reden oft aneinander vorbei.

In jeder Partnerschaft kommt es in beinahe regelmäßigen Abständen zu Differenzen und Spannungen, gegen die einfach kein Kraut gewachsen ist. Die Anlässe sind, wie jeder im nachhinein analysieren kann, läppisch und nichtssagend. Es sind Kleinigkeiten, die zu Zwistigkeiten ausarten und zu einem handfesten Streit eskalieren, der häufig damit endet, daß einer von beiden die Arena verläßt und die Wohnungstür zuknallt. Das ist in den meisten Fällen der Mann.

Solche Auseinandersetzungen sollte er unbedingt meiden, denn er zieht dabei fast immer den kürzeren. Selbst wenn er das letzte, streitbeendende Argument anbringen kann – was ihm ohnehin in den wenigsten Fällen gelingt –, steht er, subjektiv betrachtet, noch immer da wie ein begossener Pudel.

Sein Selbstwertgefühl ist so angeschlagen, daß er eine Weile braucht, um wieder mit sich ins reine zu kommen. Das liegt eben daran, daß der Mann Schwierigkeiten hat, Mißerfolge zu verkraften. Hinzu kommt, daß er gar nicht in der Lage ist, so einer Streiterei zu folgen.

Deshalb sei dem Mann auch dringend geraten, peinlichst darauf zu achten, daß so ein Disput nicht ausufert.

Wenn er den richtigen Zeitpunkt verpaßt und die Diskussion nicht auf sachlicher Basis abbricht, ist er verkauft und verraten.

Denn der sachliche Anlaß, so winzig er auch war, ist längst zerredet worden, und es geht immer mehr um ganz andere Dinge. Es hat sich halt was aufgestaut in der Zeit vor dieser Auseinandersetzung, sagt man dann immer wieder und bemüht dafür das Psychologen-Einmaleins des Unterbewußtseins, und das müsse zur Befreiung der Seele eben raus.

Es ist nicht erwiesen, daß Frauen vorwiegend mit der rechten Gehirnhälfte denken – der, in der die Gefühle wohnen. Aber erwiesen ist, daß sie anders denken. Sie sind besser links-rechts verdrahtet. Das Corpus callosum, der Balken, der die linke und die rechte Gehirnhälfte miteinander verbindet, ist bei Frauen größer ausgebildet (siehe Seite 52). Und zwar der hintere Teil, in dem die Informationsleitungen zur Kommunikation zwischen der linken und rechten Gehirnhemisphäre verrohrt sind.

Das ermöglicht einen ständigen Informationsaustausch zwischen Links- und Rechtsgehirn. Und Frauen – so haben Untersuchungen nachgewiesen (siehe Seite 52) – holen sich bei logischen Aufgaben zur linken Hemisphäre auch die rechte zur Hilfe.

In der Praxis des Streitens bedeutet das, daß Frauen aus dem großen Erinnerungsspeicher der rechten Gehirnhälfte beliebig schöpfen können und dort natürlich alles parat haben, was so in einer Streitsituation benötigt wird, um den Partner auf achtzig zu bringen.

Der Mann ist dieser Strategie in keiner Weise gewachsen. Er geht, von seiner logisch-linken Gehirnhälfte geleitet, zielstrebig und schnurstracks zur Sache und findet sie nicht mehr vor, weil sich die Streitsituation inzwischen blitzschnell geändert hat, und er nicht in der Lage ist, diesem Umweg zu folgen. Für ihn muß ja erst die Sache zu Ende gebracht werden, und jedes geistige Ausweichen überreizt seine logisch denkende Gehirnregion, bis sie schließlich das Mitdenken aufgibt, weil ihr das Ganze längst zu blöd geworden ist.

Dann ist das Spiel auch bald zu Ende. »Tilt«, klickert's dann bei ihm oben links wie bei einem Flipperautomaten, an dem man zu viel herumgewackelt hat. Und nichts geht mehr. Und dann braucht der weibliche Widerpart nur noch seine Links-rechts-Kombination abzuschießen: das berühmte letzte Wort – der manchmal tödlich intellektuelle Drüberstreuer. Der Overkill.

Weil er nämlich mit der Sache, um die es die ganze Zeit gegangen ist oder hätte gehen sollen, nichts, aber absolut gar nichts zu tun hat. Nein, meine Herren, beim Streiten haben Sie keine Chance.

Männer können Ansprachen halten, aber Frauen können reden

Warum Frau und Mann auch bei anderen Gelegenheiten oft aneinander vorbeireden?

Die amerikanische Sprachwissenschaftlerin DEBORAH TANNEN ist der Ansicht, daß Männer und Frauen, was die Art der Kommunikation anbelangt, zwei verschiedenen Kulturen angehören. Wenn Männer miteinander reden, dann reden sie über Dinge, die sie wirklich interessieren, weil sie gerade eine bestimmte Aktualität erreicht haben. Männer reden eigentlich nur dann, wenn es die augenblickliche Situation erfordert. Es geht bei ihnen meistens nur um sachliche Grundsätzlichkeiten, um Erfahrungsaustausch, ums Wissenwollen. Selbst die banale Frage »Wie geht's denn so?« gilt mit der unbefriedigend unvollständigen Das-geht-dich-gar-nichts-an-Äußerung »wunderbar« schon als vollauf beantwortet.

Worüber Männer miteinander reden, das steht auch in den Zeitungen. Aber nicht auf den Lokalseiten und schon gar nicht in den Klatschspalten. Damit können Männer gar nichts anfangen. Außer sie stehen selber drin. Und dann geht's auch nur wieder um die Sache. Männer sind nicht in der Lage, nur um des Redens willen reden zu wollen. Das können sie gar nicht. Ihre Neugier hat leider Grenzen. Deswegen erfahren Frauen auch so wenig von den Männern.

In seinem Buch »Love is Never Enough« (Verlag Harper & Row, New York) beschreibt der Psychiater AARON T. BECK folgende Eheerfahrung:

»Seit Jahren spiele ich mit ein paar anderen Männern Tennis. Wir sprechen über das Spiel und über Politik, aber nie über Privates. Stellen Sie sich meine Überraschung vor, als meine Frau, nachdem sie die Frau eines meiner Tennispartner kennengelernt hatte, mir sagte: ›Ist es nicht schön, daß der junge Chandler heiratet?‹ – ›Heiratet?‹ frage ich. Sein Vater hatte davon kein Sterbenswörtchen erwähnt.«

Männer wollen etwas wissen oder mitteilen. Ganz bestimmte Fakten sind gefragt und Inhalt ihrer Gespräche. Alles andere vernachlässigen sie.

Ist etwas mitgeteilt oder abgefragt oder der jeweilige Standpunkt geklärt, dann hat die Mitteilsamkeit auch meistens schnell ein Ende. Es sei denn, sie sehen sich aus irgendwelchen Gründen verpflichtet, den anderen zu unterhalten. Aber dann wird's auch schnell zur Qual. Männer können nur reden, wenn sie glauben, daß sie etwas zu sagen haben.

Männer können Ansprachen halten, aber Frauen können reden. Am besten miteinander.

Es gibt keinen Mann auf der Welt, und sei er noch so jung und unerfahren mit dem anderen Geschlecht, der nicht schon einmal beobachtet hat, in welch unendliche Gespräche Frauen sich vertiefen können. Und wer hingehört hat, gewinnt auch den – möglicherweise falschen – Eindruck, daß sie einander eigentlich gar nichts (Wichtiges) zu sagen haben. Aber sie reden, reden, reden.

Und sollte eine von den beiden einmal damit aufhören, dann ermuntert sie die andere gleich mit erstaunten Äußerungen wie »ah«, »nein«, »ja, aber . . .« oder »also, sagen Sie mal« zum Weiterreden, was auch dauernd funktioniert. Sie sind imstande, einander dauernd zum Reden zu bringen.

Und das Erstaunlichste dabei ist, daß Frauen aus solchen Gesprächen Dinge heraushören, die ein Mann nie wahrgenommen hätte.

Männer können zwischen den Zeilen lesen, aber Frauen verstehen es, zwischen den Worten zu hören.

Und sie haben wenig Skrupel, alles weiterzuerzählen. Nicht umsonst sind Frauen in den Boulevardzeitungen die gefährlichsten Klatschkolumnisten. Hemmungen haben sie nur, wenn sie meinen, sich durch irgendwelche Indiskretionen das Geschäft zu verderben. Daß ihnen dann irgendeine Lobby nichts mehr erzählt und sich auch nicht mehr ausfragen läßt, weil sie ihnen den Zutritt verwehrt.

Nichts gegen die männlichen Kollegen der Klatschtanten. Sie wissen auch alles – und manchmal noch viel mehr. Aber einem Mann kann man alles erzählen, ohne daß er darüber schreibt, wenn man es nur geschickt anstellt. Man muß ihn darauf hinweisen: Also, ich erzähle dir jetzt ganz ehrlich, wie es ist, aber ich bitte dich herzlich, davon keinen Gebrauch zu machen ...

Würden Journalisten alles schreiben, was sie wirklich wissen, dann wären die Zeitungen zehnmal amüsanter.

Bei einer Frau muß man da schon auf der Hut sein.

Väter sperren Töchter in den goldenen Käfig ihres Herzens, aber die Töchter entfleuchen nur zaghaft

Wenn Männer fühlen, dann geht's um alles oder nichts. Sie lieben und hassen so mit Haut und Haar, daß sie sich mit ihrem Wunschdenken total in der Realität verirren und schließlich so verloren sind, daß sie nicht mehr allein zurückfinden. Sie brauchen dann dringend Hilfe. Aber eine schier unüberwindliche Schwierigkeit liegt darin, daß sie stur und unnachgiebig sind und sich nicht helfen lassen wollen, weil sie das wieder als Beleidigung empfinden. Dann bedarf es einer gehörigen Portion Geschicklichkeit, sie zu ihrem Glück zu zwingen.

Frauen können das. Wenn es zu Zerwürfnissen kommt, sind sie es, die wieder Ruhe in die Seelenbude bringen können, und sei die Situation noch so verfahren, und die Beteiligten noch so beleidigt. Es scheint, als hätten sie eine Art von Überzeugungskraft, die zu Herzen geht. Auch ganz verbohrten Männern gegenüber, wie diese Vater-Tochter-Geschichte zeigt.

Kristin, heute 34, hat eine schwere Krise mit ihrem Vater

hinter sich. Sie wollte heiraten, er war eifersüchtig und wollte es verhindern. Sie wollte ihn nicht verletzen, aber auch nicht auf ihre Liebe verzichten. Zum erstenmal in ihrem Leben merkte sie, wie da eine unsichtbare Wand war zwischen ihnen.

Sicher nicht förderlich für ihr Unternehmen Heirat war die Tatsache, daß sie und ihr Vater bis dahin ein Herz und eine Seele waren. Es war ein ganz besonders inniges Verhältnis. Ihre Mutter war schon früh gestorben, und sie war bei ihrem Vater aufgewachsen. Sie war schon zwölf damals. Sie hatte die Tragik voll mitbekommen, ihre eigene und die ihres Vaters. Es blieb nicht aus, daß sie sich aneinander klammerten. Er ließ sie nie allein, sie ließ ihn nie allein.

»Wir waren eigentlich immer zusammen, obwohl er ein vielbeschäftigter Mann war. Mit fünfzehn, sechzehn war ich schon zweimal um die Welt herum. Mein Vater legte seine großen Reisen meistens in die Zeit, wo ich meine Ferien hatte. Es war immer sehr schön mit ihm und sehr lustig. Wir haben, so lange ich denken kann, miteinander ständig gelacht. Sein größter Wunsch war, daß ich eines Tages das Unternehmen übernehme. Wenn es nach ihm gegangen wäre, säße ich heute auch im 13. Stock seines Glaspalastes. Aber dann kam Pierre.«

Und mit Pierre kam die Katastrophe. Ihr Vater war wie ausgewechselt. Für Kristin war er plötzlich wie ein wildfremder Mensch, von dem sie nie wußte, was er dachte und was er im nächsten Augenblick tun würde. Er sagte Dinge, die sie bei ihm nie für möglich gehalten hätte – war beleidigend und verletzend. Und Pierre behandelte er mit einer geradezu unglaublichen Arroganz. Er konnte ihn auf den Tod nicht ausstehen. Pierre bemühte sich, aber er bekam nicht die geringste Chance.

Und warum ist Pierre nicht einfach gegangen? Er hätte doch von ihr verlangen können, daß sie sich entscheidet.

Kristin: »Pierre ist ein sehr einfühlsamer Mensch, und er spürte, in was für einer katastrophalen Gemütslage sich mein Vater befand.«

Und warum ist sie nicht einfach gegangen?

»Das hätte ich ihm nicht antun können. Das hätte er mir nie verziehen. – Also mußte ich versuchen, reinen Tisch zu machen.«

Und wie sie's als Kind getan hat, ist sie einfach in den 13. Stock hinaufgefahren in sein Büro und hat von ihm verlangt: »Ich brauche zwei Tage deiner Zeit. Ich will Pierre heiraten, laß uns bitte darüber reden.«

Er ist dann mit ihr über ein verlängertes Wochenende nach Venedig geflogen, »das gemeine Biest«. Venedig war immer ihre Geburtstagsreise mit ihm, und genau dort ist er mit ihr hin. Die gleichen Zimmer im Danieli, der gleiche Tisch im Café Florian, die gleichen Spaziergänge.

»Er hat alle Register gezogen, war charmant und lieb wie immer. Über Pierre und mich geredet hat er aber erst am letzten Abend. Ich weiß es noch wie heute: Es war auf der Piazetta, da hat er dann davon angefangen. Ja, hat er gesagt, ich will dich nicht hergeben. Wir gehören doch zusammen, hat er gesagt. Was mache ich ohne dich? hat er gefragt. Ich habe auf ihn eingeredet wie auf ein krankes Roß und den Eindruck gehabt, er hört mir gar nicht zu. Und dann geht er plötzlich zwischen Tadoro und San Marco durch. Ich bin wie angewurzelt stehen geblieben. Denn schon als Kind hat er mir immer gepredigt: Geh zwischen diesen beiden Säulen nie durch, das bringt Unglück, sagen die Venezianer. Und als er durch war, drehte er sich nach mir um – er mußte ganz genau gewußt haben, daß ich da nicht durchgehen würde – und sagte im Weitergehen: Schön, mein Schatz, ich hab's versucht. Ich wünsche dir alles Gute.«

Vier Monate später heiratete Kristin ihren Pierre. Zur Hochzeit erhielt sie ein scheußliches Schmucktelegramm mit folgendem Text – das Telegramm hängt neben zwei anderen Briefen heute eingerahmt zwischen zwei Miro-Lithos in ihrem Salon:

»Liebe Kristin,
sei nicht böse. Ich konnte den London-Termin leider doch

nicht verschieben. Zur Vermählung und für den neuen Lebensabschnitt die allerherzlichsten Glückwünsche,
Dein Papa.«

Und den Brief, den sie ihm daraufhin geschrieben hat, hat sie auch. Er hängt daneben.

»Lieber Joe,
noch nie in meinem Leben hast Du einen Brief an mich mit ›Dein Papa‹ unterschrieben. Dein geschwollenes Glückwunschtelegramm – ein lächelnd-glückliches Brautpaar war drauf, zwei verschlungene Eheringe mit einer Taube darüber – das gibt's doch gar nicht. Also, dieses Telegramm kannst Du Dir an den Hut stecken und aufs Klo hängen. In der Anlage geht es voller Empörung an Dich zurück.

Also, ich habe gestern geheiratet. Böse bin ich nicht (mehr), denn ich habe es ja gewußt. Du hast mich immer gewarnt: Wenn Du einmal heiratest, hast Du immer gesagt, dann geh' ich nicht hin. Also warst Du auch nicht da. Du hättest Dich gar nicht mit Deinem Londoner Termin ausreden müssen.

Wie gesagt, auf Deine Glückwünsche pfeife ich. Gib's doch zu: Du warst zu feige, Du hattest Angst vor Deiner Rührseligkeit. Hättest ja am Ende eine Rede halten müssen. Auf mich und Pierre – der Dich übrigens, was ich nicht verstehe, herzlichst grüßen läßt.

Aber ehrlich: Du hast mir einen großen Gefallen getan, daß Du nicht gekommen bist. Ich habe mich so geärgert über Dich, daß mich bei dem ganzen Da-da-dada überhaupt keine Rührung überkommen ist. Dafür bin ich Dir richtig dankbar.

Bei der Hochzeitstafel, wie das so schön heißt, habe ich mir einen angedudelt, und dann war es eigentlich ganz lustig. Aber Dein schlechtes Gewissen sollst Du haben.

Ja, ich habe auf Dich gewartet.

Weil ich Deine blöden Einfälle kenne, wäre es durchaus möglich gewesen, daß Du plötzlich in der Tür stehst.

Alle haben mich gefragt, wo mein Vater ist.
Ich habe jedem erzählt, ich habe keinen.
Hochachtungsvoll,
Deine Waisentochter.

PS: Du hast mich mein ganzes Leben lang im goldenen Käfig Deines Herzens eingesperrt gehabt. Irgendeinmal hast Du vergessen, die Tür zu schließen. Und da war ich weg. Oder hast Du die Tür absichtlich offengelassen?

PPS: Du hast einmal gesagt: Wenn das Kind aus dem Haus ist, dann schaffe ich mir einen Hund an. Wer bellt denn jetzt bei Dir?

PPPS: Woher nimmst Du eigentlich das Recht, mich so zu vereinnahmen?

Ein letztes PS: Soll ich Dir die Mitgift zurückschicken? Der Ordnung halber noch einmal unterzeichnet

Krixikraxi: die Obige.«

Kristin heute: »Das war der Ton, in dem wir immer miteinander umgegangen sind. Wenn er darauf nicht reagiert, habe ich mir gedacht, dann ist es tatsächlich aus. Wir hatten eine große Übung im Briefeschreiben – wir haben uns dauernd welche geschrieben, damit die Wohnung nicht leer war, wenn der andere nach Hause kam. Zum Schluß stand dort immer: Dich doch lieb.«

Und zwischen all den Bildern in Kristins Salon hängt dann noch das Telegramm, auf das Kristin fast drei Wochen lang warten mußte:

»Liebe Kristin, Käfig testweise offengelassen. Habe gehofft, daß Du nicht fliegen kannst. Hund noch nicht gekauft. Gebell höre ich mir bei Dir an. Lese oft heimlich Horoskope in den Zeitungen. Eines habe ich herausgerissen, liegt noch heute in meinem Schreibtisch. Da steht: Eine große Liebe tritt in Ihr Leben. An diesem Tage wurdest Du geboren – Vereinnahmung beantwortet? Mitgift kannst Du behalten. Den Lamborghini werde ich mir eben nicht kaufen. Hat Pierre am Sonntag Zeit für mich? Dich doch lieb. Joe.«

Kristin: »Seitdem ist er mit Pierre öfter zusammen als mit mir. Pierre sitzt bei ihm im 13. Stock.«

Kristin weiter: »Ich komme heute mit beiden wunderbar zurecht. Denn heute weiß ich es – Männer sind wie Kinder. Väter überhaupt. Sie geben ihren Kindern das ganze Leben lang Liebe und fühlen sich dann verraten, weil sie glauben, diese Liebe kommt nie wieder zurück. Väter sehen so wunderbar robust aus, daß man sich dauernd auf sie stützt – und dabei sind sie so leicht verletzbar.«

Männer lieben Überraschungen, aber Frauen überrumpeln gern

Horst ist Pilot, heute Anfang Fünfzig, ein attraktiver Mann, wie sich jeder so einen Vierstreifenkapitän in der blauen Uniform vorstellt. Seit zwölf Jahren ist er geschieden, lebt allein, ist also nach wie vor zu haben.

»Jederzeit«, lacht er, »aber heiraten? Nie wieder. Dieses Risiko gehe ich nicht mehr ein.« Er sagt, es klingt total verrückt, und die wenigen Male, als er diese Geschichte erzählt hat, hat sie ihm keiner geglaubt. Seine Frau hätte ihn einfach nicht verstanden. Aber es war nicht diese Art von Nichtverstehen, das Männer meinen, wenn sie sich anderen Frauen anvertrauen oder darüber in den Bars reden. »Sie hat nie kapiert, daß man einem Mann, der tagelang weg ist und sich auf die Kinder und aufs Zuhause freut, so etwas wie Ruhe und Geborgenheit zukommen läßt. Und wenn's nur für eine Stunde ist.«

Jedesmal, wenn er nach Hause kam und in Hamburg-Fuhlsbüttel in sein Auto stieg, um zu Frau und Kindern zu fahren, wurde ihm – wenn er es heute so bedenkt – ja, richtig schlecht wurde ihm da.

Da hätte er jedesmal etwas darum gegeben, wenn ihn die Flugleitung noch rechtzeitig gefragt hätte, ob er nicht einspringen könnte, weil der Standby vom Standby ausgefallen war. Da hätte er sich wieder hinter den Steuerknüppel geklemmt und wäre seelenruhig irgendwohin über den Atlantik geflogen. Mit vollem Schub raus hier – up, up and away. Und dann: übernimm, George, Freund Autopilot.

Es war jedesmal das gleiche: Schon wenn er in seine Straße einbog, sah er, daß sein Haus hell erleuchtet war – alle Lampen waren an, innen und außen. Das schönste war immer, daß ihm die Kinder entgegengelaufen kamen, wenn er das Auto in der Garage abgestellt hatte.

Wenn er dann mit den Kindern an der Hand das Haus betrat, dröhnte ihm aus dem Wohnzimmer schon FRANK SINATRA mit seinen »*Strangers in the Night*« entgegen – oh, wie er diesen Song heute noch haßt. Und Sekunden später kam dann sie. Was heißt »kam«, sie trat auf.

Er hörte ihre hohen Absätze auf dem Steinboden – italienischer Marmor, auch der macht ihn heute noch krank – im Takt tacktaracktacktak.

Dann kam sie um die Ecke, strahlte über das ganze Gesicht, ihre Augen leuchteten wie Sprühkerzen zu Weihnachten. Sie trug jedesmal irgendsoein pompöses Cocktailkleid in Silber oder Gold. Ihre Arme hatte sie in den Ellenbogen abgewinkelt, ihm leicht entgegengestreckt, die Handflächen nach oben geöffnet, mit beiden Zeigefingern winkte sie ihn zu sich heran.

Wie eine Diva, die nach dem fünften Vorhang noch einmal vors Publikum tritt und sich huldigen läßt. Dann hielt sie ihm ihre beiden Wangen zum Begrüßungskuß hin. Und jedesmal die gleiche Frage: »Na, Schätzchen, wie war's denn in der weiten Welt?«

Dann hakte sie ihn unter, lächelte die Kinder an, flötete: »Laßt doch Papi mal der Mami, ja?« und führte ihn ins Wohnzimmer – Pardon! in den Salon –, wo auf dem Klavier der silberne Sektkübel stand und die kristallenen Sektgläser – immer so, daß die Kerzen, die dahinter standen, ihr Flammenfeuer im Schliff tanzen ließen. Und natürlich war auch wieder der Tisch gedeckt – mal für vier, mal für sechs Gäste, die in einer Stunde kommen würden. Wenn er etwas sagte, dann zog sie eine Schnute und nannte ihn Spaßverderber. »Die freuen sich doch schon so wahnsinnig auf dich. Komm, nimm ein Bad, du wirst sehen, das wird ein wunderbarer Abend, mein süßer Überflieger.«

»Wenn ich in meine Straße einbog, war das für mich oft wie beim Landeanflug in Hongkong«, sagt Horst heute. »Dort muß man auch immer scharf rechts und dann runter. Unser hell erleuchtetes Haus am Ende der Straße kam mir immer vor wie ein Markierungspunkt für die Landebahn in Kai Tak.

Man möchte am liebsten durchstarten, weil man im falschen Abbiegewinkel reinkommt. Ich habe sie immer wieder gebeten, mit diesem Cocktail-Theater aufzuhören. Aber da war nichts zu machen.«

Und eines Tages startete er dann auch durch.

Es war der Abend, den wollte sie ihm ganz besonders wunderbar machen: sein 40. Geburtstag. Aber da drehte er sich um und ging.

Er kam wieder einmal aus New York zurück. Zu seiner Verwunderung hatte das Haus diesmal keine Festbeleuchtung.

Das Erdgeschoß war dunkel, nur in den Kinderzimmern brannte Licht.

Als er aus dem Auto stieg und darauf wartete, daß die Kinder herbeigestürmt kämen, kamen sie nicht. Die wollen dich überraschen, dachte er, ist ja Geburtstag. Aber mit dieser Überraschung hatte er nicht gerechnet:

Als er das Haus betrat, seinen Koffer abstellte und gerade zu den Kindern hinaufgehen wollte, ging im Wohnzimmer die Festbeleuchtung an, und so an die fünfzig Leute sangen »Happy Birthday, dear Ho-orst . . .«

Noch ehe seine Frau zu ihrem Auftritt ansetzen konnte, um ihn zu fragen: »Na, Schätzchen, wie war's denn in der weiten Welt?« oder wie die Geburtstagsversion gelautet hätte, hatte er sich umgedreht und das Haus fluchtartig verlassen.

Das würde der Mensch bei seinem Hund nie wagen

Warum kommen Menschen einander immer wieder ins Gehege? Warum respektieren sie eigentlich nicht, daß jeder andere Gewohnheiten hat?

In der Tierwelt ist so etwas ohne ernsthafte Aggressionen gar nicht denkbar. Der Vergleich sei, bitte schön, erlaubt, denn die Verhaltensforscher, die vorgeben, alles über uns zu wissen, vergleichen uns auch dauernd zumindest mit den Primaten. Und bei den niedrigeren Funktionen unseres Organismus müssen auch schon Ratten herhalten oder Kaninchen, damit die Forscher uns sagen können, was eventuell mit uns los sein könnte.

Was der männliche oder weibliche Mensch dem weiblichen oder männlichen Menschen zumutet, das würde er bei seinen Haustieren nie wagen. Vor denen hat er mehr Respekt.

Hätten Sie vielleicht den Mut, Ihren Hund, Ihre Katze, Ihren Kanarienvogel bei irgendwelchen Gewohnheiten zu stören, von denen Sie wissen, daß Sie für ihn lebenswichtig sind? Daß Sie ihn reizen könnten, und er-sie-es gegen Sie aggressiv wird? Bestimmt nicht. Sie wollen sich Ihren Haus(tier)frieden bewahren, es soll alles so sein, daß sich Ihr Liebling bei Ihnen wohl fühlt. Sie wollen ja etwas von ihm haben – geliebt werden, umschmeichelt werden.

Und warum springen Sie dann mit Ihrem Partner so egoistisch um? Haben Sie nicht wenigstens den Respekt vor ihm wie vor Ihrem Hund, Ihrer Katze, Ihrem Vogel?

Er beißt nicht, er kratzt nicht, er hackt nicht auf Ihnen herum, wenn Sie ihn nicht provozieren. Und doch behandeln Sie ihn schlechter als einen tierischen Hausgenossen. Das sollten Sie sich einmal wirklich zu Gemüte führen.

Denken Sie bloß einmal daran, daß jeder – auch Sie – sein persönliches Revier hat (siehe Seite 161), in das er nur jemanden hereinläßt, wenn er es ausdrücklich wünscht. Warum kriechen Sie denn dann dauernd Ihrem Partner auf der Pelle herum? Lassen Sie ihn doch um Gottes willen einmal eine halbe Stunde in Frieden, wenn er das Bedürfnis dazu hat. Muß er wirklich erst knurren, beißen, kratzen, pecken – oder gar weglaufen oder wegfliegen?

Frauen machen Aufstände, aber Männer die Revolution

Männer sind in erster Linie gehorsam. Es vergehen Ewigkeiten, bevor sie etwas unternehmen. Bis sie sich gegen etwas auflehnen, muß man ihnen schon den Boden unter den Füßen weggezogen haben. Es müssen für sie erst Welten einstürzen, damit Männer für ihre Auflehnung die richtige Motivation bekommen. Dann allerdings rotten sie sich zusammen und nennen es Revolution.

Frauen machen da nicht so viel Geschichten. Wenn ihnen etwas nicht paßt, dann machen sie ihren Aufstand im Alleingang. Ohne Rücksicht auf Verluste.

Möglicherweise sind sie auch die besseren Revolutionäre. Denn so mancher Mann ist für die Revolution eigentlich gar nicht geeignet. Er zählt die Munition und wird nervös, wenn sie seiner Kalkulation nach in einer Woche zu Ende geht.

Männer denken »immer«, für Frauen ist ein schöner Augenblick lang genug

Wenn Männer verliebt sind, haben sie einen unverbesserlichen Hang zur Romantik. Dann sind sie eigentlich zu nichts zu gebrauchen. Jeder ebenfalls verliebten Dame, die tagsüber – wenn sie ihn nicht sieht – inständig hofft, daß er an sie denkt, sei zur Beruhigung gesagt: Keine Bange, der hat sowieso nichts anderes im Kopf. Der wird in seinem Job sogar noch Ärger kriegen, weil er dauernd wie ein Irrer vor sich hinlächelt wie Bob Hope in seinen besten Verliebten-Rollen.

Männer können stundenlang mit ihrer Angebeteten auf einer Bank am See sitzen und zusehen, wie sich der Mondspiegel im Wasser kräuselt. Sie werden Händchen halten, streicheln, drücken und von der Zukunft reden. Und wenn sie nur »morgen« meinen – von der Zukunft reden sie immer. Denn Männer glauben nicht an den Augenblick, für sie muß es gleich die Ewigkeit sein. Denn sie wollen alles haben.

Das hören Frauen zwar ganz gern, aber sie bekommen schnell das Gefühl der Einengung. Sie genießen lieber, was jetzt und hier passiert.

Für Frauen ist ein schöner Augenblick lang genug. An einer unmittelbaren Fortsetzung sind sie nur unter ganz bestimmten Umständen interessiert. Da muß es schon besonders geschnackelt haben.

Die Worte »Laß uns doch nicht den schönen Abend verderben« haben schon manchem Mann gründlich den Abend verdorben.

Frauen sind neugierig, aber Männer gehen der Sache auf den Grund

Männer, so haben Untersuchungen ergeben, nehmen aus einer ganzen Reihe von Bewegungsabläufen einen bestimmten Reiz eher wahr als Frauen. Festgestellt wurde dieser kleine Geschlechtsunterschied bei Testpersonen, denen ein Film im Zeitraffertempo vorgeführt wurde, bei dem ein Foto eingeschnitten war, das nicht zum Filmablauf gehörte und nur Sekundenbruchteile auf der Leinwand zu schen war. Männern sprang dieses Extra häufiger ins Auge als Frauen.

Gerd und Inge haben das in der Praxis erlebt. Sie fuhren mit dem Auto im Herbst über eine Bundesstraße durch ein Waldstück in der Lüneburger Heide. Da sah Gerd trotz Konzentration auf die Straße zwischen den vorbeiflitzenden Baumstämmen und Büschen ein Reh laufen. »Schau, ein Reh«, sagte er zu Inge. Und während sie das niedliche Tier betrachtete, merkte Gerd, daß das Reh zielstrebig neben der Straße herlief. Er war sofort auf der Lauer, weil er befürchtete, es würde versuchen, die Straße in den anderen Wald hinüber zu überqueren. Und er sah dann auch tatsächlich, wie es abdrehte. Als seine Beifahrerin erschreckt aufschrie: »Paß auf, das Reh!«, hatte er bereits gebremst, das Reh sprang knapp vor dem Auto auf die Straße – und kam ganz glatt hinüber.

Männer neigen zu Streit, aber Frauen zu Aggressionen

In zwei Fällen ist selbst die harmonischeste Verbindung verletzbar:

Erstens, wenn Männer mit ihren beruflichen Mißerfolgen nicht fertig werden und aus Existenzangst nicht wagen, dem Chef oder dem Geschäftspartner, von dem sie abhängig sind, so richtig die Meinung zu blasen. (Wagen Sie das doch einmal, meine Herren, vielleicht passiert da auch gar nichts. Vielleicht wartet der betreffende Partner auch nur darauf, Ihnen selbst gehörig die Meinung zu sagen.)

Aber nein, das tut keiner, und so kommt er frustriert nach Hause, und zu Hause geht's dann los. Die Dummen tyrannisieren Frau und Kinder, die Intelligenteren explodieren, wenn man ihnen ein Loch in den Bauch fragt, was sie denn haben, weil sie so herummuffeln.

Gegen die Dummen ist leider kein Kraut gewachsen, die kann man nicht belehren. Aber bei den etwas Gescheiteren würde es genügen, nach der ersten abgeschmetterten Frage nach den Gründen des Schlechtgelauntseins gar nicht mehr zu reden.

Reden werden sie dann schon selbst – und wenn's eine Stunde später ist oder am nächsten Morgen beim Frühstück. Ein Ventil, um seinen Frust abzischen zu lassen, das braucht jeder.

Frauen müssen das einfach wissen und versuchen, Verständnis zu haben. Solche Krisen sind vorübergehend.

Und zweitens achte man auf das »prämenstruelle Syndrom«. Frauen sind biologisch etwas benachteiligt. Ihnen können zuerst die körpereigenen und später dann die geschluckten Hormone einen bösen Streich spielen. Bitte, bitte, meine Damen, so ist das halt, das sagen ja auch die Frauen unter den Frauenärzten, selbst die Feministinnen.

So zwischen dem zehnten und siebenten Tag vor der Monatsregel findet im weiblichen Organismus ein Hormonwechsel statt, der die ganze Frau durcheinanderbringt.

In den siebziger Jahren hat sich der kanadische Gynäkologe Prof. Dr. DAVID HORROBIN mit den immer wiederkehrenden Depressionen bei Frauen beschäftigt und dabei ein neues Krankheitsbild entdeckt, das seitdem als »prämenstruelles Syndrom« (PMS) in die Medizin eingegangen ist.

Das führt zu organischen Beschwerden, wie einer plötzlichen Freßsucht mit einer Gewichtszunahme bis zu vier Kilogramm, Fußknöchel, Beine, Finger schwellen an, es kommt zu schmerzhaften Spannungen in der Brust, zu Migräneanfällen, zu erhöhter Bereitschaft zu Hautveränderungen und Allergien. Und vor allem seelisch kommen Frauen aus dem Gleichgewicht. Ihre Stimmung schwankt zwischen »himmelhochjauchzend« bis »zu Tode betrübt«. Sie werden reizbar, übernervös, streitsüchtig und aggressiv.

Das bleibt nicht ausschließlich in der Familie.

Im amerikanischen Recht gibt es bereits Entscheidungen über Vergehen und Verbrechen, die von Frauen in diesem Zeitraum begangen wurden, bei denen PMS als Schuldausschließungsgrund anerkannt wurde.

Männer müssen das einfach wissen und versuchen, Verständnis zu haben. Diese Krise ist allerdings nicht vorübergehend. Der Hausfrieden wird alle vier Wochen schief hängen. Frauen, die an PMS leiden, sollten sich unbedingt behandeln lassen. PMS kann inzwischen erfolgreich mit Hormonen und Vitamin B_6 behandelt werden. Für alternative Damen, denen Hormone zu starke Kanonen sind, ein Tip: Auch naturheilkundlich soll das Extrakt eines Nachtschattengewächses helfen, die Beschwerden zu lindern.

Astrologisch ist alles logisch, Frauen fliegen Männer zu den Sternen

Mann und Frau gehören zusammen – und zwar in Harmonie. Das steht in den Sternen geschrieben. Also auch astrologisch ist das logisch.

Die Partnerschaft wird von einem Triumvirat (kein Geschlechtshinweis) regiert: von Mars, Mond und Venus. Mars steht für Mann, Kraft, Eisen, Energie und Zeugung. Er befähigt den Mann, in dieser materiellen Welt Existenzen zu schaffen und zu bewahren.

Der Mond steht für Frau, Wasser, Leben. Der Mond – in den meisten Sprachen heißt er »die Mond«, hat weibliches Geschlecht, und die Sonne ist ein »der« – übt starke Kraft auf Wasser auf. Steht er über einer Meeresregion, zieht er das Wasser an wie ein Saugnapf, und auf beiden Seiten der Erdkugel entstehen gigantische Wasserberge – die Flut. Neben seinem Einfluß auf Ebbe und Flut, der wissenschaftlich unbestritten ist, nehmen Wissenschaftler heute auch schon einen Zusammenhang zwischen Mond- und weiblichem Zyklus an. Die beiden Zyklen sind gleich lang: Sie dauern 29,5 Tage. Von Vollmond zu Vollmond vergehen genau 29 Tage, 12 Stunden, 44 Minuten und 3 Sekunden.

Der amerikanische Psychiater Dr. ARNOLD L. LIEBER, der in beinahe jeder Mond-Mensch-Spekulation als Quelle strapaziert wird, hat 1978 die These aufgestellt:

Da der Mensch ähnlich wie seine Mutter Erde zusammengesetzt ist – aus zwei Dritteln Flüssigkeit, einem Drittel festen Bestandteilen –, müsse er ebenfalls »biologischen Gezeiten« unterliegen. Das klang zwar wahnsinnig interessant, aber in Wissenschaftskreisen schlug seine Theorie keine großen Wellen.

Der zweite Faktor, den die Astrologie der Frau zuordnet, ist die Venus. Das bedeutet Zelle, Zellteilung, Befruchtung, aber auch Liebe, Zärtlichkeit und Verständnis.

Zu Mond und Venus, sagen nun die Astrologen, ist der Mars des Mannes trotz seiner Gegensätzlichkeit die notwendige Ergänzung, die erst das Leben bedingt.

Und der Quell allen Lebens ist das Wasser. Im Lateinisch-Griechischen hat Wasser eine bedeutungsvolle Grundformel: Humor. Nicht im trivialen Sinn – das nicht, Witze erzählen können Männer meistens besser. Nein, Humor im Sinne von Mond-Frau-Wasser hat eine andere, tiefere, schwerwiegendere Bedeutung: die Fähigkeit, lachen zu können. Die ungeheure Fähigkeit zur Heiterkeit, die dazu verhilft, Probleme mit Leichtigkeit lösen zu können (wie es auch in den Büchern von BRANKO BOKUN, *»Wer lacht, lebt länger – Von der Heilkraft des Humors«*, Ariston Verlag, Genf/München 1987, und ESTHER BLUMENFELD und LYNN ALPERN, *»Smile Connection – Lachen verbindet, Freundlichkeit lohnt sich«*, Ariston Verlag, Genf/München 1988, nachzulesen ist.

Heiterkeit schafft bekanntlich ein sehr angenehmes Betriebsklima. Heiterkeit steckt an. Und noch etwas: Heiterkeit macht leicht und immer leichter. Nur Heitere können fliegen. Der Nichtheitere stürzt ab.

In seiner Partnerin hat der Mann eine erfahrene Pilotin, die ihn in nie geahnte Gefilde fliegen kann. Er muß sich ihr nur anvertrauen.

Die Heitere hat noch einen unbezahlbaren Vorteil. Man muß sie nicht lange suchen. Man erkennt sie auf den ersten Blick.

Meine Herren, schauen Sie sich doch einmal um! Frauen haben meistens das Glänzen der Heiterkeit auf dem Gesicht. Das freundliche Lächeln der Verbindlichkeit haben sie sich wahrscheinlich anerzogen – das hat nichts zu bedeuten. Aber ihre Heiterkeit ist angeboren.

Sie können getrost mit ihnen fliegen, meine Herren.

Anschnallen müssen Sie sich allerdings schon.

Denn Ihre Pilotin bevorzugt den Kunstflug.

Ohne Vorwarnung.

Was ist das eigentlich, das Menschen ständig wie ein Magnet zueinander zieht?

Menschen fühlen sich zueinander hingezogen. Einer wird auf den anderen aufmerksam. Wodurch? Was ist das – eine attraktive Frau, ein attraktiver Mann? Oder was ist das Attraktive an einer Frau und das Attraktive an einem Mann?

Das Attraktive an einem Menschen – das ist in erster Linie einmal nichts besonders Herausragendes. Auf keinen Fall sind es die sexuellen Attribute. Die strammen Pin-ups und die kraftstrotzenden Bodybuilder gehören in eine ganz andere Kategorie.

Das Attraktive ist etwas völlig Abstraktes: eine an und für sich manchmal ganz belanglose Äußerlichkeit, die auf den einen ungemein anziehend wirkt, den anderen aber überhaupt nicht beeindruckt.

Es gibt also keine Kriterien für eine allgemeingültige Anziehungskraft, wenn es dafür auch gewisse Regelmäßigkeiten geben mag. Jedes Land und jede Kultur hat seine eigenen Vorstellungen, was attraktiv ist: Ein Asiate achtet mehr auf die Füße einer Frau als ein Europäer. Ein Araber findet schlanke Frauen gar nicht attraktiv. Eine Amerikanerin, die an die tiefen Stimmen der amerikanischen Männer gewöhnt ist, empfindet die höheren Stimmen der europäischen Männer oft als weibisch.

Und jede Generation und jeder Einzelmensch hat erst recht seine eigenen Vorstellungen. Ein Schnellsiedekurs mit einem wirkungsvollen Zehnpunkteprogramm, wie man schnellstens attraktiv wird, ist weltweit nirgendwo zu buchen. Es sei denn, man beschränkt sich auf das Studium des Sex-Appeals, den kann man sich aneignen.

Hier sind die Regeln einfach und die Erwartungshaltung leicht zu erfüllen, wenn man darauf aus ist: Die sexuelle Anziehungskraft beruht im wesentlichen ganz einfach darauf, daß die Person, die sie auszustrahlen gedenkt, gleichzeitig den Eindruck vermitteln muß, in ungewöhnlich hohem Ausmaß am Liebesleben interessiert zu sein und dabei ihren

Partnern besonderen Genuß bereiten zu können. Und schön zu sein braucht man dafür auch nicht. Denn geschlechtliche Attraktivität beruht nicht auf der Symmetrie der Gesichtszüge oder des Körpers. Wie jeder weiß, sind die schönsten Menschen sex-appealmäßig oft von erschreckender Fadesse.

Attraktivität kann man auch nicht nachahmen, indem man sich mit Attributen umgibt, die die Ausstrahlung anderer erfolgreicher Menschen ausmachen. Ein Mann wird nicht wie John Wayne, wenn er beim Verlassen eines Western-Films genauso geht, wie der gegangen ist.

Man wird auch nicht attraktiver, wenn man den Partner nach seinen geheimen Wünschen ausspioniert, um herauszufinden, was da eventuell erwartet wird. Eine Frau kann sich die hübschesten Kleider kaufen, zum teuersten Friseur gehen – und dann kann sie fassungslos erleben, daß der Mann, den sie haben will, mit einem Mädchen durchbrennt, das sich aus Mode gar nichts macht und die Haare mit Kernseife wäscht.

Das Geheimnis der Attraktivität ist einfach: Man braucht gar nichts zu machen

Nein, Ausstrahlung ist das, was ein anderer empfindet. Dafür kann man gar nichts machen außer ein freundliches Gesicht und darauf hoffen, daß irgend jemand ganz besonders darauf fliegt. Ausstrahlung – das sind bestimmte Äußerlichkeiten. Der eine findet einen Silberblick ungeheuer attraktiv, für den anderen ist das ein schwerer Augenfehler.

Paul, Chef einer Werbeagentur, hat auch so seine eigenen Vorstellungen von seiner Idealfrau: Sein neuester Schwarm ist eine rassige Jugoslawin mit dem schönen Namen Laetitia. »Schaut euch doch nur einmal dieses markante Gesicht an!« schwärmt er immer wieder. Seine Freunde finden daran nichts Außergewöhnliches, für sie hat sie bloß eine große Nase. Das ist es ja, lacht er dann, das ist es ja. Soweit er zurückdenken kann, hatten die Frauen, nach denen er sich umgedreht hatte, immer eine große Nase. Und das ist ihm, als sie ihm entgegenkamen, meistens gar nicht aufgefallen. Psychorecherchen ergaben keine Anhaltspunkte. Die Mutter hatte keine solche Nase, keine Tante und auch die Klavierlehrerin nicht, die seine erste große Liebe war.

Attraktivität und Anziehungskraft werden in der Verhaltensforschung definiert als die Eigenschaft der Weibchen, die Aufmerksamkeit der Männchen zu erregen – und umgekehrt –, ohne durch ein bestimmtes Verhalten zu zeigen, was sie damit eigentlich bewirken wollen. Wir müssen es uns also schon wieder gefallen lassen, daß uns die Wissenschaft den Primaten zuordnet, wenn es um die verschiedenen Verhaltensweisen geht.

Beim Menschen ist das also nicht viel anders. Oder?

Attraktiv ist derjenige, von dem das gewisse Etwas ausgeht – eine bestimmte Ausstrahlung, die nicht näher zu definieren ist. Dieser Mensch hat eben etwas an sich, das ihn im Vergleich zu anderen Menschen sympathischer macht, wodurch er auf sich aufmerksam macht. Irgend etwas Nettes, Schönes, Liebenswürdiges. Er erregt das Interesse seiner Mitmenschen durch irgendein zauberhaftes Detail.

Attraktivität ist eine natürliche Anziehungskraft, für die man nichts zu tun braucht. Anziehungskraft läßt sich nicht künstlich erreichen. Sie ist kein Accessoire, das man sich nach Belieben zulegt oder aufträgt, wenn man sie zu brauchen glaubt. Entweder sie wirkt oder sie wirkt nicht.

Jeder Mensch ist attraktiv. Nur braucht er oft sehr lang, bis er das an sich bemerkt, und noch länger, bis er darauf kommt, wen er damit beeindrucken kann.

Attraktivität ist ein sehr sparsames Stilmittel, das keinerlei Zutaten braucht. Im Gegenteil – jeder zusätzliche Aufputz kann die Umwelt irreführen, so daß sich unwillkürlich die Frage aufdrängt: Was hat der nur zu verbergen, daß er sich so aufmascherlt?

Denn das Herausputzen kommt dem Aufplustern gleich, und da sind wir schon wieder bei den Verhaltensforschern. Für sie ist so etwas das reinste Imponiergehabe.

Der Münchner Geschäftsmann Otto hat sich seine natürliche Anziehungskraft kaputtgemacht, indem er ein Hobby übertrieb: sich mit schönen Sachen zu umgeben. Er ist ein fescher, feiner, seriöser Mann und, was die Damen anbelangt, beileibe kein Windhund. Er ist nett, charmant, zuvorkommend und in seinem Beruf sehr erfolgreich. Doch den Erfolg zeigt er auch her: wohnt Jugendstil, fährt zwei 100 000-Mark-Autos, Hemden, Schuhe, Anzüge in den teuersten Ateliers maßgeschneidert, seine Uhr ein auf zweihundert Jahre programmiertes Schweizer Meisterwerk. Der Mann ist nicht nur auf den ersten Blick eine tolle Erscheinung. Seine Schuhe sind mit schweren Eisen beschlagen. Man hört also auch schon von weitem, wenn er kommt.

Die Männer unter seinen Freunden stört das nicht. Die Frauen unter ihnen haben sich bald gefragt: Wo ist der Haken? Und sie haben ihn auch bald gefunden. Für sie ist er ein Egoist. Denn soviel Luxus ist für einen einzelnen zuviel. Und alles, was ein Mann schöner ist als ein Aff', läßt FRIEDRICH TORBERG seine »Tante Jolesch« sagen, ist eben einer. Und – schwupp! – waren die gescheiterte Ehe und die beiden in die Binsen gegangenen Beziehungen der letzten Jahre fein säuberlich damit in Verbindung gebracht. Außerdem hat er irgendwann einmal erzählt, daß er als Einzelkind aufgewachsen war. Und da war restlos alles klar.

Und kommt er – sie treffen sich alle nur zwei- bis dreimal im Jahr – mit einer neuen attraktiven Frau daher, dann ist das für die Damen wieder Luxus und untrüglicher Beweis für ihre Theorie.

Hätte Otto nur auf ein paar seiner extravaganten Ausstattungsgüter verzichtet, wäre keine von den Damen auf die Idee gekommen, ihn in Frage zu stellen. Denn allein, wie er lächeln kann, macht ihn schon sehr attraktiv – das geben auch die Damen zu.

Und stellen Sie sich vor: Dieses Jahr zu Ostern kam er zwar noch mit der alten Freundin, aber dafür mit einem neuen P., selbstverständlich mit Schweinsledersitzen und Autotelefon, eh klar. Aber das war noch nicht genug, nein, nein.

Von einem Besuch in Wien hatte er seiner Freundin einen schicken Kosmetikkoffer mitgebracht, und sich selbst hatte er sich dort ein Paar neue Schuhe gegönnt – aus Büffelleder, beste Wiener Werkstättenqualität. Leider nannte er auch die Preise, wofür die Damen nur ein kollektives Kopfschütteln übrig hatten, und ein Freund die Bemerkung: »Otto, jetzt spinnst aber.« Und Otto lächelte selig.

Frauen können machen, was sie wollen – ein gockelhaftes Imponiergehabe hat ihnen noch keiner vorgeworfen

Frauen haben es da schon etwas leichter. Sie helfen ihrer Attraktivität mit unverschämten Mitteln nach, und keiner dreht ihnen einen Strick daraus.

Allein ihre Standardausrüstung ist schon bemerkenswert: Sie schminken sich, sie schmücken sich, sie kleiden sich nach der neuesten Mode, und dem Luxus sind sie auch nicht abgeneigt. Man tut sich schwer, wenn man Frauen nachsagen will, daß sie sich unauffällig präsentieren. Und doch hat nie ein Mann solchen lackierten Schaukelpferden gockelhaftes Imponiergehabe vorgeworfen.

Erlaubt ist alles, was sich gerade noch schickt. Was darüber hinausgeht, gilt als ordinär. Das bestimmen allerdings die Frauen und fallen dann übereinander her. Ob wegen der Moral oder wegen unlauteren Wettbewerbs, wer will das so genau sagen?

In den Ruf des Ordinären kommt rasch etwas, was Mode ist. Was haben die Mädchen und die jungen Frauen leiden müssen, als Mary Quant den Minirock erfunden hat!

Wie schön ist plötzlich das Stadtbild geworden, und was für Moralpredigten haben sie sich von ihren Müttern, Schwiegermüttern und Großmüttern anhören müssen. Für sie trug doch nur – pfui – eine ganz bestimmte Kategorie von Frauen solche kurzen Röcke. Tränen gab's und umständlich blödsinnige Tricks. Die Mädchen gingen brav gekleidet aus dem Haus und zogen sich bei Freundinnen den Mini an.

Dann kam die Hosenmode. Nichts mehr war zu sehen von den hübschen Beinen. Und wieder galt's als ordinär.

Dann kam es, nach langen Jahren der modischen Unentschlossenheit in den Rocklängen, zu einer beachtlichen Wende. Psychologisch betrachtet, kam es zwischen Mini und Hose zu einer Symbiose. Und das ging so:

Irgendwer hat den kommerziell erfolgsträchtigen Modegag der bunten Strümpfe entdeckt. Dabei blieb's zum braven Rock bis in die späten achtziger Jahre.

Dann wurden die Strümpfe immer dunkler, die Röcke wieder kürzer. Und heute sind die Straßen voller schwarzer Beine. Der Strumpfhosenmini ist in.

Attraktivität ist doch das, was die Verhaltensforscher meinen: ... die Eigenschaft der Weibchen, die Aufmerksamkeit der Männchen zu erregen, ohne durch ein bestimmtes Verhalten zu verraten, was sie damit eigentlich bewirken wollen.

Die eine mit mehr, die andere mit weniger starken Mitteln. Wirkung erzielen sie aber alle.

Aber jetzt noch etwas zur Attraktivität und der Rolle, die sie in der Gesellschaft spielt. Der amerikanische Anthropologe DONALD SYMONS, Universität von Kalifornien in Santa Barbara, meint zu diesem Thema: »Männer aller Gesellschaftsschichten stufen Frauen hauptsächlich nach ihrer Anziehungskraft ein, während Frauen Männer nur attraktiv finden, wenn sie ihrem gesellschaftlichen, wirtschaftlichen und politischen Statusempfinden entsprechen *und* außerdem noch gut aussehen.« Symons will herausgefunden haben, daß Frauen oft von »Männerknappheit« sprechen – jedenfalls öfter, als es statistisch zu erwarten wäre, weil offenbar weit weniger Männer den gestiegenen Anforderungen der Frauen entsprechen.

Symons ist überhaupt der Ansicht, daß Männer und Frauen nicht richtig zusammenpassen. Mann und Frau, sagt er, seien in ihrer Sexualität so grundverschieden, als gehörte jeder einer anderen Spezies an.

Nach den militanten Emanzen sind Männer und Frauen zwei verschiedene Klassen, jetzt teilt uns Symons auch noch in verschiedene Gattungen ein.

Na, so was!

Aber eine Theorie mehr oder weniger – das kann die Menschheit nicht erschüttern. So leicht lassen sich Mann und Frau nicht auseinanderdividieren.

Die halten stärkere Stürme aus.

Sie unterliegen den Prinzipien der physikalischen Gesetze vom Aerodynamischen und Hydrodynamischen Paradoxon: Bläst man zwischen zwei Blättern Papier hindurch, wird man sie mit dem Luftzug nicht auseinanderbringen. Im Gegenteil, sie kommen einander näher. Läßt man zwischen zwei schwimmenden Gegenständen Wasser durchströmen, dann treibt man sie nicht auseinander, sondern zueinander. Für Mann und Frau gilt das Homodynamische Paradoxon; jeder Sturm, der zwischen ihnen durchweht, bringt sie enger zusammen.

Nur wissen muß man's, damit man nicht unbedacht zu früh von Bord geht. Das wäre ein unnötiger Sprung ins eiskalte Wasser.

Es gibt im Leben wichtigere Dinge als Sex, aber zum Glück fallen sie uns manchmal nicht ein

Ja, und dann gibt es eben noch ein Problem – eines, das alles so kompliziert macht. Oder – das wir so kompliziert machen. Oder – das uns so kompliziert macht.

Ein äußerst komplizierter Komplex jedenfalls. Oder was? Der österreichische Schriftsteller ARTHUR SCHNITZLER hat zu Beginn dieses Jahrhunderts geschrieben: Liebe sei »eine durch sexuelle Krisen unterbrochene, aber zugleich geförderte Feindschaft«.

Was wäre eigentlich, wenn die Sache mit der Liebe und dem Sex nicht wäre?

Wäre dann alles einfacher?

Gäbe es dann keine Spannungen mehr zwischen den Menschen? Verliefe das Leben auf den geregelten Gleisen einer Spielzeugeisenbahn? Ein paar Signale, tuuttuuut, und dahin ginge es auf Spurweite Doppelnull.

Wir wären alle unisex, sähen alle gleich aus, wären alle gleich angezogen, gleich frisiert, keiner würde sich mehr für den anderen in dem Maße interessieren wie heute (außer, wenn es etwas zu erben gibt), die Umwelt wäre entlastet, weil dann ganze Industriezweige pleite gingen. Und außer Habsucht, Mord und Totschlag lebten wir auf einer Welt ganz ohne Mißverständnisse im Geschlechterfrieden.

Ein schöner Schwachsinn wäre das!

Ganz abgesehen davon, was uns da entginge, wie sollten wir uns denn vermehren? Durch Sprossung vielleicht? Dann würde jeder in seiner Ecke stehen, und Ärger gäbe es wegen Platzproblemen. Die Erde hätte längst schon zehn, zwanzig, dreißig Milliarden Einwohner.

Und doch sind im Grunde genommen die ganzen Schwierigkeiten, die es zwischen Mann und Frau gibt, auf diesen einzigen Faktor zurückzuführen. Auf die biologisch programmierte Pflicht der Arterhaltung – der einzige Drang zum Pflichtbewußtsein, der uns so wahnsinnig leicht gemacht wird, daß wir sogar jederzeit zu Fleißaufgaben bereit sind. Die Natur hat den Menschen mit einer Vorsichtsmaßnahme ausgestattet – dem Sexualtrieb. Damit die Verpflichtung, die Art zu erhalten, nicht vernachlässigt wird, ist sie so angenehm wie möglich angelegt. Und zumindest die unbedingt notwendige aktiv produzierende, die zeugende Kraft – den Mann nämlich – mit einem garantiert wiederkehrenden und immer wieder neu erstrebenswerten Erfolgserlebnis ausgestattet, das er sich sonst im Leben kaum in gleicher Weise verschaffen kann: die biologisch notwendige Orgasmusgarantie nämlich, die ihm höchstens ein Problem bereitet – daß sie für das Unternehmen zu früh eintritt.

Dieser Trieb ist von der biologischen Grundidee her genauso praktisch wie der Hunger. Der zwingt den Menschen auch zu essen, damit er seinem Körper Nahrung zuführt und ihn damit am Leben erhält. Das ist biologisch durchaus logisch, wenn auch für den weiblichen Teil dieses programmierten Unternehmens zuweilen äußerst ungerecht.

Biologisch logisch ist auch, daß die Reaktion auf den Sexualtrieb so verschieden verteilt ist zwischen den beiden Geschlechtern.

Der Mann ist – abgesehen von der dazu nötigen Mechanik, die ihm manchmal zu schaffen macht, wobei die Frau von sich aus keinerlei Schwierigkeiten hätte (woraus sich schon wieder Schwierigkeiten ergeben, die zu intersexuellen Diskriminierungen führen) – mit seiner zellproduzierenden inneren Allzeit-bereit-Anlage ungleich häufiger in der Lage, freudig diesem Pflichttrieb zu folgen.

Die Frau kann gar nicht ständig in der Laune sein, diesem Trieb nachzukommen. Sie könnte sich das gar nicht leisten. Sie muß eine biologische Selektion ausüben. Ihr fehlen die Mittel und die Zeit.

Sie produziert in ihrem ganzen Leben – von der Pubertät bis zum Klimakterium – 400 reife, befruchtbare Eizellen. Das reicht theoretisch – jeweils neun Monate Schwangerschaft mitgerechnet – biologisch für kaum 20 Schwangerschaften aus. Der Mann stößt bei einem einzigen Samenerguß vierhundert Millionen Samenzellen aus, mit denen er die Frauen einer ganzen Nation befruchten könnte. Und so stürzen sie sich millionenfach auf das einzige befruchtbare Ei, das es einmal im Monat im Eileiter gibt. Das ist obendrein auch noch dreimal so groß, so daß es kaum verfehlt werden kann.

Diese gigantische Überzahl begründen Biologen damit, daß Samenfäden den längeren Weg zurücklegen müssen und auf dem Weg zum befruchtungsfähigen Ei zugrunde gehen könnten.

Aber vierhundert Millionen – eine so gigantische Ersatzmannschaft für die einzige Samenzelle, die ans Ziel kommt –, ob das nicht eine reichlich übertriebene biologische Vorsichtsmaßnahme ist?

Wären die Frauengenerationen vor der Pillenzeit mit diesem Zahlenmaterial konfrontiert worden, der Gefahr einer solchen Überfallsaktion wären sie meilenweit aus dem Weg gegangen.

Die sogenannte Antibabypille hat sie in dieser Beziehung zumindest etwas sorgloser gemacht.

Doch die große, zum Teil segensreiche Erfindung der Antikonzeptiva in den fünfziger, sechziger Jahren hat dieses Problem der Frau nur auf ein berechenbares Maß gebracht. Die künstliche Hormonschaltung der Pille hat ihr zwar die Angst vor der Schwangerschaft genommen und sie von der Empfängnis befreit, aber sie hat ihr dafür andere Ängste gemacht: daß ihr irgendwelche unbekannte Nebenwirkungen später gesundheitliche Schäden zufügen könnten, die in keinem Verhältnis zur vorher befürchteten Schwangerschaft stehen. Und die Pille konnte natürlich auch nicht bewirken, daß der Sexualtrieb der Frau für den vorgegebenen biologischen Bedarf des Mannes gesteigert wurde. Die alten Schwierigkeiten des angenehmen zwischenmenschlichen Zusammenseins bestanden weiter.

So blieb das grundsätzliche Problem auf der Strecke: Mann und Frau wollen zwar – aber jeder auf seine Art, und das auch noch zu verschiedenen Zeitpunkten. Und dieser Terminkalender ist nur sehr schwer zu erstellen.

Wäre der Mann auch nur in diesen Zyklusabständen zur Fortpflanzung fähig, dann würden die beiden Phasen, in denen sich die beiden Geschlechter fortpflanzen könnten, möglicherweise nie übereinstimmen. Dann wäre die Art gefährdet. Und deswegen sind beide Geschlechter von ihrem genetischen Erbe benachteiligt. Männer sind ständig hinter Frauen her, und Frauen sind die meiste Zeit vor ihnen auf der Flucht. Und da die Ausnahme immer wieder die Regel bestätigt: In vielen Fällen ist das auch genau umgekehrt und genauso unerfreulich.

Das ist offenbar fehlprogrammiert. Denn wie fatal sich das auswirken kann, zeigen leider die vielen Abnormalitäten, die es im täglichen menschlichen Verhalten gibt. Die beiden Geschlechter, die füreinander bestimmt sind, kommen im buchstäblichen Sinne des Wortes nicht zusammen, weil nämlich keiner von beiden so recht weiß, wann es wie am besten funktioniert, damit so eine interkorporale Vereinigung nicht nur mechanisch den biologischen Zweck erfüllt, sondern auch zum geistigen Wohlsein beider Partner beiträgt. Das Unternehmen Sexualität ist ja beileibe nicht nur dazu da, rein physisch gesund zu erhalten. Die Psyche will auch etwas davon haben.

Wenn sich zwei ohne Worte nicht verstehen, warum sollen sie dann miteinander darüber auch noch reden?

Aber dazu bedarf es schon der richtigen Einstellung und der Erkenntnis, daß beide Teile wesentlich mehr dazu beitragen müssen, als sie jemals gelesen und gehört haben.

Hier soll aber nicht die Rede sein von geheimnisvollen, neu entdeckten erogenen Zonen, nicht vom Jubel bringenden Druck auf den G-Punkt in der Scheide der Frau, nicht vom Bio-Griff beim Mann, die Hoden nach oben an den Penisschaft zu drücken, um die Ejakulation zu beschleunigen oder nach unten, um sie hinauszuzögern, weil es ohne diesen Hochstand gar nicht dazu kommen kann. Das ist alles anderswo nachzulesen.

Auch nicht davon, daß Männer und Frauen offen miteinander über ihre Sexualität reden sollen. Das ist ohnehin nur Psychotheorie und in Wirklichkeit ein schlechter Rat und illusorisch. Sie reden doch nicht wirklich ernsthaft miteinander über solche Dinge.

Das traut sich doch keiner.

Und wozu auch? Denn das ergibt sich, oder es ergibt sich nicht. Wenn nicht, dann war man ohnehin auf der falschen Party. Und geredet wird dann nicht einmal nachher darüber, höchstens gegrinst und gekichert.

Sollten sich aber doch einmal zwei Partner aufraffen, über ihre geheimen Wünsche zu reden, aus der vielleicht falschen Hoffnung, solche ohne Scham ausgesprochenen Offenheiten würde ihrer Verbindung erst den richtigen Pfiff geben, dann artet das in nüchternen Besprechungen aus, in biologischen Erläuterungen und in fast wissenschaftlichen Beschreibungen von Bedürfnissen.

Dann hat man zwar darüber geredet und findet das möglicherweise auch noch wahnsinnig interessant. Aber damit hat's sich auch schon in den meisten Fällen. Aller Wahrscheinlichkeit nach ist das Ganze damit bis ins kleinste Detail zerredet, und zur praktischen Anwendung kommt es dann gar nicht mehr.

Denn nichts hat eine peinlicher hemmende Wirkung, als so zu tun, man käme spontan mit einer Neuigkeit daher, die der andere nicht nur schon längst kennt, sondern auf die er die ganze Zeit auch schon wartet.

Dann müßte man wieder die Wirkung besprechen, eine Manöverkritik abhalten, fürs nächste Mal eventuell das Programm korrigieren oder sich überraschende Variationen einfallen lassen – keine zu gewagten, versteht sich – und sich der bangen Hoffnung hingeben, eines Tages doch endlich das erforderliche Repertoire zu erwerben.

Psychotherapeuten, die sich jahrelang mit Behandlungsmöglichkeiten für funktionelle Sexualstörungen beschäftigen, haben häufig als Grund für Schwierigkeiten beim Geschlechtsverkehr herausgefunden, daß beide Partner sich zu wenig »verbal austauschen«.

Natürlich ist das immer eine Überlegung wert, wenn es mit zwei Menschen überhaupt nicht klappt. Nur eines wird dabei nie ganz einleuchten: Wenn sich zwei ohne Worte nicht verstehen, warum sollen sie dann miteinander darüber auch noch reden?

Vor allem: wie?

Nein, hier geht's um etwas anderes.

Einen Flirt muß man so ernst nehmen wie ein Einstellungsgespräch

Alles fängt im Kopf an – nicht nur die Freiheit, auch Liebe, Sexualität und Sehnsucht. Und Erotik. Dafür bedarf es keiner plumpen Anweisungen oder Betriebsanleitungen. Das hat jeder Mensch in seinem natürlichen Repertoire, ohne jemals etwas davon gehört zu haben. Das ist ihm angeboren, das hat er in Gen 17, das muß er schon in einem früheren Leben gelernt haben. Das kann er – auch wenn er auf dem Mond ausgesetzt worden ist und dort zum erstenmal nach jahrelanger Einsamkeit, von der er ja bekanntlich wenig lernen kann, einen Menschen trifft, den er als das andere Geschlecht erkennt.

Gehen Sie einmal mit offenen Augen auf die Straße und sehen Sie sich um, was sich dort abspielt. Die Menschen eilen achtlos aneinander vorbei? Alle sind im Streß und haben keine Zeit?

Dann nehmen Sie sich doch einmal die Zeit und schauen Sie genauer hin!

Sehen Sie's, sehen Sie's?

Was sich da für flüchtige Kontakte anbahnen. Was da an Blickfunkfeuer zwischen Männern und Frauen hin und her blitzt. Was da mit dem Augen-Radar ununterbrochen alles vermeintlich unauffällig abgetastet wird. Was da an Aufforderungen und Ablehnungen stattfindet. Wie da Menschen mit dem schönsten Imponiergehabe daherstolzieren: Seht her, hier bin ich, die wirklich einmalige Gelegenheit.

Fast scheint's, als wären alle dauernd auf der Suche. Ganz plump und hölzern die einen, aber auch mit ganz romantischen Vorstellungen die anderen, für die das Leben ein wunderschönes Kino ist. Sie seufzen nach den Idealen: Es gibt noch immer keinen auf der Welt, der »*As time goes by*« so spielt wie Sam in *Humphrey Bogart's* »*Casablanca*«.

Alles ist natürlich, lässig, leicht und locker. Als »Vor-Lust« bezeichnen die Psychologen diese euphorische Erlebnisform, die sich in jeglicher Begegnung zwischen erwachsenen Menschen beiderlei Geschlechts manifestiert. Alles nimmt so seinen Anfang.

Nur wenn's ernst wird, wird es ernst. Dann vergaloppieren sich die Menschen leicht in Platitüden. Der Mensch, so scheint es, kann sich nonverbal viel besser verständigen als mit Worten.

Ein Flirt mit Blicken funktioniert so automatisch wunderbar wie ein schöner Sonnenuntergang.

Ein Flirt mit Worten hat hingegen seine eigenen strengen Gesetzmäßigkeiten. Erst einmal muß eine Einleitung gefunden werden, die ihn überhaupt ermöglicht. Das heißt, zu der betreffenden Person, mit der man sich in einen Flirt zu begeben wünscht, muß ein Kontakt hergestellt werden. Möglichst schnell – denn die Person kann sich unwiederbringlich entfernen oder in Erwartung einer eventuell bereits geahnten Annäherung sogar ihre eigenen Maßnahmen treffen. Eigentlich müßte so eine Kontaktherstellung überfallsartig geschehen. Denn nur dann ist eine gewisse Spontaneität gewahrt.

Ein Plan muß also her. Denn wirkungsvoll soll so eine Annäherung natürlich auch sein. Und da Pläne stets auch Negativbeurteilungen beinhalten müssen, um einen Mißerfolg des Geplanten möglichst auf ein Minimum zu reduzieren, geraten sie in eine dynamische Umständlichkeit, die das gesamte Unternehmen gefährden. Ein günstiger Zeitpunkt muß auch noch abgewartet werden. Hemmschwellen über Hemmschwellen sind zu überwinden. Worte müssen gefunden werden, man kann ja nicht gleich mit der Tür ins Haus fallen. Die entscheidende Frage wäre natürlich: »Wo und wann können wir?« Die Sekunden vor der dann tatsächlich erfolgenden Annäherung mit den entsprechend vorbereiteten verbalen Mitteln können zu Ewigkeiten ausarten. Was dann aber dabei herauskommt, ist meistens stümperhaft und dilettantisch. Und doch verfehlt es erstaunlicherweise in vielen Fällen nicht seine Wirkung.

Der Wiener Griechisch- und Psychologie-Gymnasialprofessor Adalbert (heißt wirklich so mit seinem Vornamen) hat seine Frau auf einer Kreuzfahrt durch das Mittelmeer kennengelernt. Er hat sie tagelang beobachtet und ihr Blicke zugeworfen. Die Reaktionen der hübschen jungen Dame – Adalbert ist ein Mann der alten Schule – haben ihn schließlich zu der kühnen Annahme ermutigt, sie ließe sich vielleicht ansprechen. Und was sagte er, als er es endlich wagte? »Fahren Sie auch auf diesem Schiff?« Und sie? Ihr fiel auch nichts ein. Sie sagte: »Ja.«

Jahrelang erzählte er zum Gaudium seiner Studenten diese Geschichte. Was er nie erfuhr: Einige seiner männlichen Schüler haben mit dieser Frage die besten Eroberungen gemacht.

Das widerspricht überhaupt nicht der These des amerikanischen Psychologen WARREN FARRELL, der immer wieder darauf hinweist: Ein Flirt muß so ernst genommen werden wie ein Einstellungsgespräch – was es im Grunde genommen auch ist. Er muß beeindrucken, den Partner für einen interessieren, ihm klarmachen, daß für die offene Position einzig und allein nur eine Person in Frage kommt. Und ein so starkes Interesse wecken, daß der andere sich dazu entschließt, es mit einem selbst zumindest einmal zu versuchen.

Diese Probezeit, warnt der Psychologe, dürfe nicht in eine längere Freundschaft ausarten. Suche den schnellen Sex, rät er, und glaub nicht, auf dem Wege der Freundschaft dazu zu kommen. Je länger eine Freundschaft dauert, um so größer wird das Risiko, daß du dir einen Korb holst.

Und für Männer hat er noch einen Tip bereit: vorsichtig rangehen! Denn wenn ein Mann seinen sexuellen Gefühlen Ausdruck gibt, sobald er sie empfindet, wird er sich fast immer ein »Nein« einhandeln – besonders bei den Frauen, die er am meisten begehrt.

Und da hilft es ihm gar nicht, wenn er überlegt, ob dieses »Nein« nicht doch »vielleicht« oder sogar »ja« bedeuten könnte. Da muß er schon genau hinhören. Sie wird das »Nein« auch wirklich meinen. Das im richtigen Augenblick nicht richtig deuten zu können, hat wahrscheinlich dazu geführt, daß der falsche Gebrauch von Sex zum emotionalen Thema der achtziger Jahre geworden ist.

Denn in Wirklichkeit sind wir doch alle genauso verzopft wie vor hundert Jahren. Wir reden nur etwas freier darum herum.

Mit der Sexrevolution der sechziger Jahre kam in den Achtzigern die Lustlosigkeit

Eine wirklich sexuelle Revolution hat trotz aller vermeintlichen Freizügigkeiten in den sechziger Jahren eigentlich nie stattgefunden. Liberaler sei alles geworden, sagen die Psychologen, mehr nicht.

»Die sexuelle Befreiungsbewegung der sechziger und siebziger Jahre«, schreibt die Bad Türkheimer Psychologin ADELAIDE TRIERWEILER in der Zeitschrift »Sexualmedizin«, »führt in vielen Fällen nicht zu subjektiver Freiheit, sondern zu sekundärer Angst, an dieser ›Leistungsaufgabe Lust‹ im Sinne einer Last zu scheitern.«

Kommt da Sigmund Freud zu neuen Ehren? 1912 schrieb er schon im Jahrbuch für psychoanalytische und psychopathologische Forschungen »über die allgemeinsten Erniedrigungen des Liebeslebens«: »Es ist leicht festzustellen, daß der psychische Wert des Liebesbedürfnisses sofort sinkt, sobald ihm die Befriedigung bequem gemacht wird. Es bedarf eines Hindernisses, um die Libido in die Höhe zu treiben, und wo die natürlichen Widerstände gegen die Befriedigung nicht ausreichen, haben die Menschen zu allen Zeiten konventionelle eingeschaltet, um die Liebe genießen zu können.« Zuviel Freiheit in der Sexualität, folgerte Freud damals, hätte unweigerlich Impotenz beim Manne und Frigidität bei der Frau zur Folge. Deutlicher sagt es die Hamburger Sexualwissenschaftlerin ELKE KÜGLER in der Münchner *Abendzeitung:* »Die neue Freiheit hat nur eine neue Art der Normierung gebracht, zum Beispiel den Zwang zum Orgasmus.« Das erzeuge Angst – den größten Feind der Sexualität. Denn Angst und Lust sind Mechanismen, die sich gegenseitig ausschließen. Auf Angst reagiert der Körper mit einer vermehrten Ausschüttung der Streßhormone Adrenalin und Noradrenalin. Das schließt Durst, Hunger, Müdigkeit – und sexuelle Lust aus. Der Mensch ist auf der Flucht.

Das neue große Problem in der Sexualität sei die Lustlosigkeit.

Wie es dazu gekommen ist, wissen die Psychologen heute noch nicht. Alles könne schuld daran sein – vom Umweltgift bis zur Zukunftsangst. Und weil man die Wurzel dieses Übels nicht kennt, sei Lustlosigkeit ein ungeheuer schwer zu behandelndes Symptom.

Ein Faktor, meint Elke Kügler, könnte dabei schon eine wichtige Rolle spielen. Die Männer seien durch das erstarkte Selbstbewußtsein der Frauen verunsichert und verlören dadurch die Lust am Sex.

Darüber braucht man gar nicht erst zu diskutieren – das ist ganz einfach nicht wahr.

Sex ist eben, wie der Wiener Neurologe Birkmayer sagt, ein Luxustrieb. Er kann sich nur bemerkbar machen, wenn sich auch ein geistiges Bedürfnis regt. Wenn sich auf der Warteliste des Lebensmanagements zu viele andere unerledigte Verpflichtungen drängen, dann haben eben sie Vorrang, und der Sex muß warten.

Das hat die Natur eigentlich ganz gut eingerichtet. Wo käme der Mensch denn auch hin, wenn er nur an das eine dächte und in seinem Kopf nicht Prioritäten setzen könnte?

Es gibt wichtigere Dinge im Leben als Sex, das wissen wir. Aber es gibt auch Augenblicke, da fallen sie uns zum Glück nicht ein.

Das ist es.

Eine glänzend funktionierende Bio-Automatik.

Es gibt keine impotenten Männer und keine frigiden Frauen.

Es gibt nur Männer und Frauen, die zu unterschiedlichen Zeitpunkten andere Dinge im Kopf haben und das eine gerade jetzt nicht wollen.

Das sollte man von Kind auf lernen.

Doch der Jugend gibt die Menschheit in dieser Beziehung leider gar nichts mit auf den Weg. Aufgeklärt wird sie im Schnellsiedeverfahren. Will einer mehr wissen, muß er sich diese Informationen auf obskuren Wegen erschleichen, und Tips kann er sich nur von anderen holen, die auch nicht viel mehr wissen. Und das auch noch in aller Heimlichkeit.

Woher sollen denn Buben und Mädchen eigentlich lernen, wie sie miteinander umzugehen haben? Sie müssen ja mit den primitivsten Forschermethoden arbeiten: Versuch, Irrtum, Versuch, Irrtum, Versuch, aha! Versuch, wieso-doch-nicht?, Versuch, Irrtum, Versuch, Irrtum...

In einem Vortrag anläßlich der 12. Fortbildungstage für Sexualmedizin machte sich der Düsseldorfer Psychotherapeut Prof. Dr. HEINZ-GÜNTER RECHENBERGER ernsthafte Sorgen: »Haben wir schon einmal darüber nachgedacht, was wir unseren jungen Menschen, unseren Söhnen und Töchtern zumuten, wenn wir sie zwingen, ihre ersten, noch unvollkommenen Sexualerfahrungen auf den Rücksitzen der Autos, in einer Tor- oder Hausnische zu erwerben? Oder wenn die Eltern eben mal ins Kino gegangen sind und die jungen Menschen befürchten müssen, daß sie vorzeitig nach Hause kommen? Warum müssen oft die ersten sexuellen Erlebnisse unter entwürdigenden Umständen gesammelt werden? Könnte hier nicht ein Umdenken bei uns, den Älteren, die sexuelle Erlebniswelt unserer Kinder bereichern? Es lohnt sich, darüber nachzudenken!«

Das würde sich tatsächlich lohnen.

Denn dann hätten in den nächsten Generationen auch die Erwachsenen keine Schwierigkeiten.

Der amerikanische Sexualwissenschaftler Dr. WILLIAM H. MASTERS, der zusammen mit seiner Frau VIRGINIA E. JOHNSON in den siebziger Jahren zur weltweit bekanntesten Autorität auf dem Gebiet der Partnerbehandlung wurde, über die Wichtigkeit von Sex: »Das bedeutet nicht, daß Sexualität der Hauptzweck der Ehe oder des Lebens ist. Wir glauben das nicht. Wir glauben einfach, daß sie eine wichtige, vielleicht eine entscheidende Rolle spielt. Schließlich kann die sexuelle Aktivität die tiefste Form der Kommunikation zwischen Mann und Frau darstellen.«

Wie weit darf man eigentlich zu weit gehen, wenn man einander zum erstenmal sieht?

Zuerst einmal muß man zueinander kommen. Das ist mitunter nicht ganz leicht. Denn oft liegen da Welten dazwischen. Die kürzeste Entfernung zwischen zwei Menschen ist ein Blick – das mit dem Lächeln stimmt nicht, wohin soll man lächeln, wenn man den Anzulächelnden nicht sieht.

Wenn zwei Menschen also diesen Augenkontakt miteinander aufnehmen, geraten sie allerdings automatisch in einen furchtbaren Konflikt. Ihnen stehen im Grunde genommen ja nur zwei Varianten des Blickverhaltens zur Verfügung – anschauen oder wegschauen.

Beim Wegschauen ist die Angelegenheit im Augenblick erledigt, und es bleibt immerhin noch die Möglichkeit, daß das ein schüchternes oder gar taktisches Rückzugsmanöver ist. Da empfiehlt es sich, die Blickrichtungen des anderen zu beobachten. Denn es könnte ja sein, daß ihre/seine Augen nur einmal so zum Zeitgewinnen im Raum umherschweifen, um einen dann wieder anzusehen. Dann muß man zu einer blitzschnellen Augenkontakt-Wiederaufnahme bereit sein. Denn wie bei den Pfadfindern ist bereit sein auch hier alles.

Augenbewegungen lassen sich sehr leicht verfolgen. Denn als einziges höheres Lebewesen hat der Mensch ein Gesichtssignal entwickelt, das die Primaten, zu denen uns die Verhaltensforscher ja zählen, zum Beispiel nicht haben – das Weiße in den Augen. Das macht die Augenbewegungen so deutlich. Also: abwarten!

Um aber in der Zwischenzeit etwas mehr über die Blickkontakt-Person zu erfahren, empfiehlt sich ein anderes Hilfsmittel aus der Psychologenkiste. Man kann natürlich auch darauf achten: Schaut sie nach links weg, schaut sie nach rechts weg? Auch die Seitigkeit dieser primären Blickrichtung, sagen Psychologen, spräche Bände.

Zum einen sei das ein Hinweis darauf, welche Art von Gehirnhälftenmensch Sie vor sich haben: Ist er ein Linksblicker, so könnte man in den meisten Fällen davon ausgehen, daß er sich von seinen Gefühlen leiten läßt.

Nicht daß er einfach ein Gefühlsduseler ist – solche Menschen haben eine Nase, einen Riecher, sie treffen spontan Entscheidungen, die meistens nicht sehr logisch, oft aber um so richtiger sind.

Ist er ein Rechtsblicker, dann ist es so ein logisch Nüchtener, von dem man sich romantikmäßig höchstens einen schönen Ausflug erwarten kann. Spontan kommt da wenig herüber, der Mensch überlegt zu viel, bevor er Dummheiten macht.

Mit dieser sogenannten LEM-Methode (Lateral Eye Movements) werden in psychologischen Tests häufig Untersuchungen zur Feststellung der funktionellen Hemisphärenasymmetrie gemacht. Da ist was dran.

Aus Chicago kommt zu diesen Blickrichtungs-Auslegemöglichkeiten eine neuere Erkenntnis: Sieht ein Partner an einem rechts vorbei, so wollen Wissenschaftler festgestellt haben, sei er zwar voller Humor, aber nicht sehr zuverlässig. Schaut er links vorbei, dann ließe sich daraus schließen, daß er verschlossen ist und launenhaft.

Und nun zur Variante A: Anschauen.

Und jetzt? Lächeln? Zwinkern? Alles falsch. Denn das sind Dinge, die man jederzeit auf sein Gesicht zaubern kann. Wir wollen ja die ehrliche Reaktion erfahren.

Einen einigermaßen verläßlichen Hinweis gäbe es allerdings schon. Aber um ihn richtig zu erkennen, ist man in den meisten Fällen zu weit weg.

Der Normalfall ist doch der: Der Blickpartner ist am anderen Ende des Raumes. Meilenweit außer Reichweite. Es gibt ein Signal, das wir aus unserem Gesicht ausstrahlen, das wir nicht beliebig aufsetzen können wie ein Lächeln mit allen seinen Nuancen. An dem könnten wir sofort erkennen, welchen Eindruck wir auf den anderen machen: enge oder weite Pupillen.

Der Pupillendurchmesser verändert sich nämlich nicht nur durch Lichteinfall, auch Gefühle können ihn kleiner oder größer machen. Groß heißt: Ja, gefällt mir. Klein heißt: Nein, gefällt mir ganz und gar nicht.

Seit den frühen sechziger Jahren wurden Versuche gemacht, um herauszufinden, wie dieses Enger- und Weiterwerden der Pupillen zustande kommt. Der englische Zoologe und Verhaltensforscher DESMOND MORRIS (*»Der nackte Affe«)* zitiert in seinem Buch *»Manwatching«* (deutscher Buchtitel: *»Der Mensch, mit dem wir leben«*, Droemer Knaur, München) einen interessanten Versuch, der 1965 an der University of California durchgeführt wurde. Für die praktische Anwendung im Alltag beginnender Liebesbeziehungen wäre dieser Test geradezu ideal. Durch ihn könnte man eigentlich alles erfahren, was man in diesen Anfangsstadien zwischenmenschlicher Beziehungen über die Person seiner Aufmerksamkeit zu wissen braucht. Das wird besonders die Damen interessieren.

Babyfotos wurden gezeigt – und zwar verschiedenen Gruppen: ledigen Männern und Frauen; verheirateten Männern und Frauen, die noch keine Kinder hatten; sowie Männern und Frauen, die Kinder hatten.

Und folgendes stellte sich heraus: Frauen zeigten eine starke Erweiterung der Pupillen unabhängig davon, ob sie ledig, verheiratet und kinderlos *oder* verheiratet und Mütter waren.

Männer hingegen zeigten verengte Pupillen, wenn sie ledig *oder* verheiratet und kinderlos waren. Wenn sie verheiratet waren und selbst Kinder hatten, hatten sie erweiterte Pupillen.

Alles klar?

Doch wer hat ständig Babyfotos in der Tasche. Und selbst wenn – damit könnte man doch auch nicht durch ein überfülltes Lokal fuchteln.

Eine Frau spricht mit ihren Augen 37 Sprachen – 36 davon versteht der Mann nicht

Nein, beim ersten Blick sollte man es im Anfangsstadium einer zwischenmenschlichen Beziehung am besten vorerst auch belassen. Denn da kommt ja noch einiges hinzu. Man kann nie wissen, ob man nicht durch unbedachte, rein räumliche Annäherungsversuche beim anderen ganz bestimmte Revierinteressen verletzt. Und da kann es sein, daß man auf Ablehnung stößt, ohne je herausgefunden zu haben, was man eigentlich falsch gemacht hat. Nur weil man – buchstäblich – einen Schritt zu weit gegangen ist.

Also, Vorsicht bei solchen Blickkontakten! Frauen braucht man davor nicht besonders zu warnen. Wenn sie auch sonst in vielem impulsiver sind als Männer – in solchen Situationen verhalten sie sich abwartend – das haben sie gelernt, weil man es ihnen lange genug eingetrichtert hat. Aber Männer neigen leicht dazu, solche Kontakte überzubewerten. Denn Männer verstehen davon herzlich wenig. Wenn ein Mann den Blick einer Frau auffängt und anfängt, ihn zu deuten, dann kann er sich unter Umständen ungeheuer täuschen. Eine Frau beherrscht mit ihren Augen mindestens 37 Sprachen. 36 davon wird er nicht verstehen, und die eine, die sie mit diesem Augen-Blick spricht, wird höchstwahrscheinlich nicht die eine sein, die er versteht.

Selbst wenn er darauf wartet, wie ihre Stimme klingt – er wird selbst in dieser Kombinationskontrolle Augen/Stimme nicht die aktuelle Situation ausloten können. Denn auch ihre Stimme ist sehr variabel. Sie hat ein Klangrepertoire, daß man meint, man hört in einem Zeitraum von zehn Sekunden gleich das Gezwitscher von einem Dutzend Vogelarten.

Und zum Ausdruck ihrer Augen, dem Klang ihrer Stimme kommt noch ihre Mimik – die Art, wie sie ihr Gesicht in Masken legen kann. Zum Total-Check würde auch noch das Interpretieren der Körpersprache gehören. *»Die Körpersprache verrät mehr als tausend Worte«* erklärt ERHARD THIEL (Ariston Verlag, Genf/München 1986). Da den aktuellen

Stand der Dinge feststellen zu wollen, ist überhaupt ein ganz und gar unmögliches Unterfangen für einen Mann. Alles in allem betrachtet, bleibt man am besten, wo man ist.

Also: Vorerst alles nur bei diesem einen Blick belassen. Er ist zwar – siehe oben – die kürzeste Entfernung zwischen zwei Menschen, aber doch nur eine erste Luftlinienverbindung, bestenfalls geeignet als Gleitstrahl für die Phantasie. Um die Entfernung wirklich zu überbrücken, dazu bedarf es einiger Umwege.

Jeder Mensch umgibt sich mit einer Art Niemandsland. Das ist sein Territorium, seine Schutzzone, in der er sich vor seinen Mitmenschen sicher und geborgen fühlt. Kommt ihm einer zu nahe, dann empfindet er das als unangenehm und belästigend. Er fühlt sich bedroht.

Aus der Verhaltensforschung weiß man, daß für diese Schutzzonen im Tierreich gewisse eindrucksvolle Regeln bestehen. Je größer ein Tier, dest größer ist der Abstand, den es zwischen sich und seinem Feind hält. »Flucht-Distanz« nennt der Schweizer Tierpsychologe H. HEDIGER den Radius dieses Schutzkreises: Betritt ihn ein Feind, flieht das Tier. Eine Antilope flieht zum Beispiel, wenn der Feind 500 Meter herankommt. Eine Eidechse, die sich auf einer Mauer sonnt, läßt ihn bis auf zirka zwei Meter herankommen, ehe bei ihr die Fluchtreaktion ausgelöst wird.

In Zoos muß man diese Entfernungen zwar reduzieren, aber man bemüht sich, darauf Rücksicht zu nehmen, um dem Tier eine angstfreie Zone zu belassen. Es muß essen, schlafen und sich bewegen können, ohne vom Menschen in Panik versetzt zu werden.

Flucht ist der primäre Überlebensgrundmechanismus. Ist Flucht nicht mehr möglich, weil der Sicherheitsabstand zu gering geworden ist, geht das Tier zum Angriff über. Alle Raubtierdressuren im Zirkus basieren auf dem Spiel mit dieser kritischen Distanz: Kommt der Dompteur zu nahe an das Tier heran, wird es aggressiv. Tritt er einen Schritt zurück, geht es wieder brav auf sein Podest zurück. Dabei genügt es durchaus, wenn der Dompteur diesen kritischen Schutzkreis mit einem Stuhlbein, einer Peitsche oder mit sonst einem Gegenstand verletzt.

Anlauf aus acht Metern – der Countdown bis zum Hautkontakt

Bei den Menschen ist das nicht viel anders. Viele gehören nicht gerade einer ausgeprägten Kontaktspezies an, wie etwa das Walroß, das Nilpferd, das Schwein, der Wellensittich, die sich eher zu Hauf wohl fühlen. Der Mensch hält's da eher wie Pferd, Hund und Katze oder der Schwan – Abstand zum anderen muß sein. Auch der Mensch hat seine Schutzzonen.

Der amerikanische Anthropologe EDWARD T. HALL, in den fünfziger Jahren beim US-Außenministerium in Washington Leiter eines Kommunikations-Trainingsprogramms für Beamte im Ausland, nennt gleich vier Schutzzonen, die der Mensch um sich aufgebaut hat, um sich sicher zu fühlen: die öffentliche, die soziale, die persönliche und die intime.

Acht Meter bis 3,60 Meter halten Personen des öffentlichen Lebens Abstand von ihrer nicht so wichtigen Umwelt. Aus dieser Entfernung ist zwar bei ruhendem Auge auf einem Blick das ganze Gesicht zu sehen, im unteren 60-Grad-Segment des Gesichtsfeldes sieht man den ganzen Menschen. Die feinen Details der Haut oder der Augen sind jedoch nicht mehr sichtbar. Die Augenfarbe ist nicht mehr zu erkennen, nur noch das Weiße in den Augen ist zu sehen. Besonders wichtige Persönlichkeiten vergrößern diesen Abstand noch. John F. Kennedy ließ sein versammeltes Publikum nie näher als neun Meter an sich herankommen.

3,60 Meter bis zu mindestens 1,20 Meter hält der Mensch im Berufsleben andere Menschen auf Distanz. 1,20 Meter ist schon sehr nahe und grenzt bereits an das ganz persönliche Revier eines Menschen. Das ist so nahe, daß man, ohne die Augen zu bewegen, im Gesicht des anderen auf einen Blick nicht viel mehr sieht als ein Auge. Geht man auf zwei Meter zurück, erfaßt der Blickfocus gerade erst die Nase und Teile beider Augen oder den Mund, ein Auge und die Nase. Um das ganze Gesicht beobachten zu können, muß der Blick gewechselt werden – von einem Auge zum anderen oder von den Augen zum Mund. In diesem Abstand voneinander arbeiten Menschen, die an einer gemeinsamen Sache beschäftigt sind. In diesem Abstand stehen Menschen übrigens auch zueinander, wenn mehrere auf einen Aufzug warten.

Zwischen ungefähr zwei und vier Meter Abstand halten Menschen voneinander ein, wenn es formell zugeht. Das entspricht fast genau der Entfernung, in die einer zurücktritt, wenn man ihn auffordert: »Steh auf und laß dich einmal ansehen.« Die Büros von wichtigen Leuten sind meistens so angelegt, daß der Besucher über den Schreibtisch hinweg in diesem Abstand gehalten werden kann. Das ganze Gesicht ist mit einem Blick zu übersehen, Augen und Mundpartie sind klar zu erkennen. Dem Beobachter entgeht nicht die geringste mimische Veränderung bei seinem Gegenüber. Bei Konferenzen, beobachtete Hall, ist das die ideale Entfernung zwischen den einzelnen Teilnehmern, wenn man den Blick eines anderen einfangen und ihn dadurch am Weiterreden behindern will. Hall beobachtete auch, daß Ehemänner, wenn sie abends nach Hause kommen und im Wohnzimmer Zeitung lesen, sich erst einmal in dieser sozialen Entfernung von ihren Ehefrauen aufhalten.

1,20 Meter bis mindestens 45 Zentimeter braucht der Mensch als ganz persönlichen Schutzkreis um sich herum. Der verhindert nicht nur, daß Menschen einander sooft auf die Füße treten, sondern auch, daß sie sich zu häufig in die Arme fallen. Ein Schutzschild von ganz besonderem Wert. Die 1,20 Meter reichen gerade aus, daß einen keiner am Schlafittchen packen kann. Wer Parfum benutzt, umgibt sich mit einer Blase und markiert diese Schutzzone unbewußt mit einer Duftwolke: bis hierher und nicht weiter. Da empfiehlt es sich für einen Außenstehenden: Stopp! Draußen bleiben! Oder genau zu sondieren, ob das eventuell als Aufforderung verstanden werden kann, näherzutreten. Weil die Information bedeuten könnte: Ich habe dich jetzt auf Radar, komm den Leitstrahl runter.

In den 45-Zentimeter-Bannkreis läßt der Mensch nur Personen, zu denen er ein ganz persönliches Verhältnis hat. Beim Mann steht meistens die Ehefrau oder die Freundin innerhalb dieses Kreises. Steht eine andere Frau dort, dann kann es zu unangenehmen Komplikationen kommen, wenn die Ehefrau oder die Freundin das merkt.

45 Zentimeter bis Hautkontakt. In dieser Kugel ist der Mensch allein in seiner Seifenblase. Innerhalb dieses Kreises beginnt die Intimsphäre. Sie geht bis zum Hautkontakt, der sonst eigentlich nur noch bei Ringkämpfen ungewollt stattfindet.

Seifenblasen sind elastisch, aber irgendwann macht's leise »Peng!« – und dann wird's laut

Alles andere empfindet der – westliche – Mensch als Gedränge – als Streß, der bis zum Ausfall organischer Funktionen führen kann.

Es kommt zu vermehrter Ausschüttung von Adrenalin, das Herz schlägt schneller, der Blutdruck steigt, Schweiß bricht aus. Endokrinologisch heulen im menschlichen Organismus da alle Warnsirenen.

Hinzu kommt die Wärme, die jeder Mensch ausstrahlt. Sein Wärmeschild überlappt sich mit dem des Nebenstehenden, eine Dunstglocke vermischt sich mit der anderen, und jeder kann den anderen riechen. Wäre der Mensch eine Ratte, dann würde seine Biochemie von den Ausdünstungen des neben, vor und hinter ihm Stehenden in dieser Streßsituation sogar beeinflußt werden.

Hinzu kommt noch die Außentemperatur. Je wärmer es ist, desto belastender ist es für die Menschen im Gedränge einer Warteschlange.

Wer jemals im Hochsommer auf dem Athener Flughafen Hellenikon in glühender Hitze in einem überfüllten Zubringerbus gefahren ist, weiß, was das heißt. Im Bus ist das Gedränge unerträglich.

In der klimatisierten Halle ist die Menschenmenge in der Schlange vor den Einreiseschaltern zwar um nichts lockerer, aber das Gedränge ist erträglicher. Es ist kühler, eine warme Schlange braucht einfach mehr Raum. Der Abstand, den der Mensch in der westlichen Kultur zu einem anderen Menschen oder zu einem Gegenstand hält, ist für ihn ein Leerraum, der gefälligst auch leer zu bleiben hat. Das sollte wirklich jeder berücksichtigen.

Das sieht in östlichen Kulturen ganz anders aus. Japaner zum Beispiel haben eine andere Vorstellung von Raum. Der räumliche Abstand, den Gegenstände voneinander haben, ist für sie ein Zwischenraum, der keineswegs leer bleiben darf, sondern ausgefüllt werden muß. Im Japanischen gibt es sogar ein eigenes Wort dafür: »Ma«.

Die eindruckvollste Demonstration ihrer Vorstellung von »Ma« liefern Japaner mit ihren kunstvoll angelegten Gärten – so klein sie auch sein mögen.

Gerüche, Wechsel in Temperatur, Trockenheit, Feuchtigkeit, Licht, Schatten und Farben nehmen alle Sinne des Menschen in Anspruch. Der menschliche Körper wird zu einem Gesamtsinnesorgan.

Das werden Menschen hierzulande nur, wenn sie sich in dichten Trauben in den Kneipen drängen.

Auf 45 Zentimeter Sicherheitsabstand, versteht sich.

Zu Betriebsunfällen kommt es hier allerdings wesentlich häufiger als sonst auf der freien Wildbahn des Lebens. Hier kann schon so manches spitze Aggressiönchen die Elastizität der Seifenblase überstrapazieren und sie zum Platzen bringen – peng! Das ist dann der Startschuß, wenn's in Kneipen rund geht.

Wann beginnt eigentlich der Countdown, daß sich zwei Menschen zu einer bestimmten Zeit treffen?

Wie so manche Verbindung zustande kommt und in der Folge vielleicht eine glückliche Beziehung wird, das hängt von Faktoren ab, die wir bedauerlicherweise nicht beeinflussen können.

Das hängt nicht zuletzt von Zeit und Raum ab – Dimensionen, die zu überwinden es geradezu Einsteinscher Maßstäbe bedarf.

Denn wenn zwei (füreinander) bestimmte Menschen einander zu einer ganz bestimmten Zeit an einem ganz bestimmten Ort begegnen, dann kann das doch kein blödsinniger Zufall sein, oder? Das muß irgendwie präzise vorbereitet sein.

Denn wie käme sonst die Pünktlichkeit eines solchen Rendezvous zustande?

Denken Sie doch einmal an ein ganz bestimmtes Ereignis in Ihrem Leben und stellen Sie sich vor, Sie wären damals zu früh oder zu spät an den Ort gekommen, wo es stattgefunden hat.

Was wäre gewesen? Wäre es später passiert? Wäre es gar nicht eingetreten? Wahrscheinlich wäre nichts gewesen. Sie hätten eine Menge versäumt oder sich eine Menge erspart, wer weiß.

Der Countdown für so eine Stunde X muß im Grunde genommen tagelang, monatelang, vielleicht schon jahrelang oder sogar schon das ganze bisherige Leben lang laufen. Ein Zeitplan, der durch nichts verzögert oder beschleunigt werden darf: Wer zu einer Stunde X am Ort Y sein muß, kann es sich zeitlich nicht leisten, auf dem Wege dorthin irgendwelche Umwege zu machen oder sich irgendwo länger oder kürzer aufzuhalten, als es in diesem Zeitplan vorgesehen ist. Und wenn das in zwanzig Jahren nur zwei Minuten sind – die Chance ist vorbei.

Wer plant das? Wer plant uns?

Sie kam aus Texas, er aus Italien – Was für ein Aufwand für zehn Sekunden!

Ein einfaches Beispiel, und doch eine Geschichte, die das Leben geschrieben hat:

Ein Mann steht an einer Straßenkreuzung und wartet auf Grün, um den Zebrastreifen zu überqueren. Er nimmt ganz automatisch wahr, daß sich von rechts ein Autobus nähert. Der interessiert ihn aber im Augenblick überhaupt nicht, wird ihn aber – was er jetzt allerdings noch nicht wissen kann, weil das Schicksal immer erst seinen Anlauf nimmt, ehe es uns erwischt – in allerkürzester Zeit wahnsinnig interessieren.

Zunächst sei noch einmal kurz der Schicksalslauf unterbrochen und erklärt: Warum gerade ein Mann? Warum keine Frau? Ganz einfach: Erstens: weil's wirklich so war. Und zweitens: weil zu den Aktionen, die jetzt erforderlich sein werden, ein Mann besser geeignet ist. Eine Frau würde sich aller Voraussicht nach aus bestimmten Gründen auf ein solches Abenteuer gar nicht einlassen. Nähere Ausführung folgt. Der Mann steht also am Straßenrand, beobachtet gelangweilt den Verkehr, sieht einem Auto nach, das er seit langem selbst gern hätte, und aus dieser Richtung kommt jetzt der Autobus.

Das schöne Frauengesicht hinter dem letzten Fenster entdeckt er sofort. Und natürlich auch, daß diese Frau ihn aus wunderschönen Augen ansieht. Der Bus fährt an ihm vorbei, nimmt die Frau mit – sie wendet sogar ihren Kopf, um ihn weiter anzusehen.

Es ist ihm sofort klar: die oder keine. Und klar ist ihm auch, daß er jetzt ganz rasch etwas unternehmen muß, sonst ist der Bus weg und die Frau auch – irgendwie hat er es im Gefühl, daß er da etwas ganz Wesentliches versäumen würde. Denn es sind schon Millionen von glücklichen Verbindungen nicht zustande gekommen, weil zwei Menschen aneinander vorbeigefahren sind.

Also jetzt ist die nächste Erklärung fällig: warum *sie* im

Bus sitzt und *er* auf der Straße steht. Die Bushaltestelle, das hat er schnell entdeckt, ist 100 Meter weiter links. Daß sie gerade hier aussteigen würde, das hielt er doch ein wenig für unwahrscheinlich. Dort muß er hin, aber das geht nur mit einem Sprint. Das erklären wir jetzt einmal zur Männersache.

Es sei nur zum Gaudium jener Mister A. WALKER zitiert, der 1843 in New York eine Arbeit veröffentlichte, in der es über die Frau hieß: »Die Breite ihres Beckens und der daraus resultierende Abstand ... zwischen den Pfannen ihrer Oberschenkel erschweren sogar das Gehen.« Daß sie vielleicht auch noch rennen könnte, das hielt Walker überhaupt für ausgeschlossen.

Diesen haarsträubenden Unsinn hat spätestens die schöne »Flo Jo« – FLORENCE GRIFFITH-JOYNER, die dreifache Olympiasiegerin von Seoul 1988 und Weltrekordlerin über 100 und 200 Meter – korrigiert.

Den Sprint zur nächsten Bushaltestelle würde eine Frau natürlich auch schaffen, keine Frage. Aber was macht das für einen Eindruck, und wie sieht denn das aus? Sie müßte das Kleid schürzen, die Schuhe mit den hohen Absätzen ausziehen und auf Strümpfen los-tschundern.

Dann wäre womöglich auch noch die Frisur im Eimer, nein, nein, sprinten wird jetzt der Mann. Und er ist auch schon auf der Strecke.

Er erreicht den Bus gerade noch, ehe sich die automatischen Türen schließen, und zwängt sich hinein. Und während er seine Karte löst, schaut er schon zum letzten Fenster nach hinten, wo *sie* sitzt.

Der Bus ist voll. Es stehen eine Menge Leute zwischen ihnen beiden. Während er sich unter tausend Entschuldigungen nach hinten drängt, läßt er sie nicht aus den Augen. Als er aber nur noch wenige miesgelaunte Menschen weit weg ist von ihr, da schaut sie weg.

Bei ihr hat wieder einmal eine weibliche Verhaltensautomatik eingesetzt, die es ihr nicht gestattet, diesen Blickkontakt aufrechtzuerhalten. Natürlich weiß sie, daß er sich ihretwegen die Seele aus dem Leib gerannt hat, und nicht der Busverbindung wegen.

Und genau das hatte sie sich bei diesem ersten Blickkontakt, als er noch auf der Straße stand und sie an ihm vorbeifuhr, auch gewünscht. Aber jetzt hat offenbar ihre weibliche Psyche in der Unterbewußtseinszentrale einen gewissen Notstand erkannt, in dem augenblicklich eine schützende Verhaltensmaßnahme gesetzt werden muß: Wegschauen, Kontakt abbrechen, abweisen, auf keinen Fall falsche Hoffnungen wecken.

Ach, Mädchen, schau doch wieder hin! Du kannst dir dein ganzes Glück vermasseln. Das könnte doch wirklich der Richtige sein. Und Vorsicht, täusch dich nicht: Männer reagieren in solchen Situationen verflixt unzuverlässig. Die lassen sich auf diese Weise in den meisten Fällen auch tatsächlich abweisen.

Schau ihn dir doch an, wie er dort steht, krampfhaft versucht, deinen Blick wieder auf sich zu lenken, und dann enttäuscht zum Fenster hinausschaut. Jetzt ärgert er sich grün und blau, daß er deinetwegen dem Autobus nachgerannt ist. Muß in die entgegengesetzte Richtung und rennt diesem blöden Bus nach. Wenn jetzt nicht geschwind etwas passiert zwischen euch beiden, dann steigt er glatt bei der nächsten Station aus.

Blinzel doch einmal unter der Hutkrempe der netten alten Dame vor dir noch einmal zu ihm hin. Sag deinem Unterbewußtsein, ihr vergebt euch doch nichts. So einen kleinen heimlichen Blick kann er doch auf keinen Fall bemerken. Und wenn er wirklich nicht herschaut, dann weißt du wenigstens, was er tut.

Siehst du? Siehst du? Es hat doch geklappt. Du mußt sogar lächeln über seinen verdutzten Blick.

Diese erste direkte Kontaktwiederaufnahme zwischen den beiden wird sofort von dem Mann weitergeführt. Er zeigt fragend auf die Tür, sie schüttelt den Kopf und hält zwei Finger hoch.

Die beiden sind sich jetzt einen gewaltigen Schritt nähergekommen, sie haben sich zum erstenmal geeinigt. Sie werden gemeinsam bei der zweiten Station aussteigen.

Und dann?

Ja, was dann?

Er wird sie auf einen Kaffee einladen. Dort werden sie erst einmal die Personalien austauschen und wie von ungefähr den Familienstand klären. Verheiratet ist glücklicherweise weder sie noch er. Dann wird eine nächste Vereinbarung getroffen. Denn sie hat natürlich keine Zeit jetzt oder gleich heute Abend – wozu auch? Nur er wäre so verrückt, gleich hier zu bleiben bis in alle Ewigkeit. Wenn Männer einmal Feuer gefangen haben, dann brennen sie auch gleich ganz ab.

Den Terminplan fürs erste Rendezvous schlägt er vor. Sie wird ihn korrigieren, und es wird für beide der günstigere Zeitpunkt sein. Auch wenn er das nicht gleich einsieht, weil es ihm bis dahin noch so endlos lange vorkommt und er das möglicherweise für ein Hinauszögern hält und ein Anzeichen dafür, daß ihr die Sache bei weitem nicht so wichtig ist wie ihm.

Erster gemeinsamer Abend – sehr harmonisch. Nicht nur nicht verheiratet, sondern auch keine anderen Verpflichtungen. Das ganze Unternehmen langsam anlaufen lassen, dann steht also nichts im Wege.

Dem ersten Abend folgen weitere. Die Abstände dazwischen werden immer kürzer.

Sie treffen sich auch schon manchmal zwischendurch mittags in der Stadt.

Nach jeder Verabredung bringt er sie nach Hause und verabschiedet sich brav an der Haustür. Das geht Wochen so. Nur die Verabschiedungen dauern immer länger und werden immer inniger.

Und eines Abends gelangen das Gespräch und das anschließende Geplänkel in bedrohliche Nähe von des Pudels Kern.

Um nicht mit der Tür ins Haus zu fallen, schlägt er ihr auf halbem Weg zu ihr nach Hause vor, ob er ihr nicht seine

Briefmarkensammlung zeigen dürfte. Sie lachen beide, und sie sagt überraschend: »Gern.«

So ein Unterfangen kann höchst gefährlich werden.

Denn in einer solchen Situation beginnt die Entweder-oder-Regel in Kraft zu treten.

In diesem Fall heißt das: Entweder er hat eine Briefmarkensammlung oder er hat keine.

Und dann wieder entweder/oder: Entweder sie interessiert sich für Briefmarken oder sie interessiert sich nicht dafür. Was dabei herauskommt, kann man sich leicht ausrechnen.

Interessiert sie sich für Briefmarkensammlungen, und er hat keine, dann kann das recht blamabel werden und gleich das Ende vom Anfang bedeuten, wenn ihm dann bei Gelegenheit nicht etwas ganz Orbitantes einfällt. Und darauf sollte sich keiner so recht verlassen. Das kann gewaltig ins Auge gehen. Sich dann aus einer solchen Situation wieder rauszuwurschteln, ist ein wahres Kunststück, das in den meisten Fällen auch nicht gelingt.

Nächste Überlegung: Hat er tatsächlich eine Briefmarkensammlung, und sie interessiert sich nicht dafür, dann hat das auch noch nichts zu bedeuten. Denn es gibt außer dem einen noch die verschiedensten Gründe, warum sie mitgekommen sein könnte.

Und interessiert sie sich nicht für die Briefmarken und er hat eh keine, dann ist es das gleiche Vabanquespiel.

Am günstigsten sind noch die Aussichten: Er hat eine phantastische Briefmarkensammlung, und sie ist ganz wild auf Briefmarken, denn sie hat selbst eine beachtliche Sammlung zu Hause.

Dann ist alles drin und auf jeden beliebigen Zeitraum auszudehnen. Allein die Tauschgeschäfte nehmen viel Zeit in Anspruch.

Im gegebenen Fall war die Situation folgende. Natürlich hatte er keine Briefmarkensammlung, und glücklicherweise waren ihr wiederum Briefmarken völlig wurscht. Aber das wußten beide nicht voneinander, als er sie in seine Wohnung bat. Das Problem lag allerdings in der Luft und mußte ausgeräumt werden.

Das schob er noch etwas hinaus. Er kredenzte galant ein Glas Schampus, erklärte Lage der Wohnung und Aussicht bei Tage. So zögerte er das Geständnis, über keine einzige Briefmarke zu verfügen, gebührend hinaus.

Aber schließlich, als sich ihr Glas zur Leere neigte, sagte er es: »Ich habe gar keine Briefmarken.« Es klang ein wenig resignierend und sollte bedeuten: Wenn du willst, kannst du jetzt gehen. Ein Mann von Welt und Anstand, der damit mehr sein schlechtes Gewissen bekundet als die Absicht hat, Reaktionen abzufragen, um daraus abzulesen, wie der weitere Verlauf des Abends sein wird. Und höchstwahrscheinlich – nein, ganz sicher – hätte er sie auch gehen lassen.

Sie hatte das natürlich die ganze Zeit gewußt, Frauen entgeht da überhaupt nichts. Und sie war ihm dankbar.

Sie lachte nur. Dafür war er ihr wieder dankbar.

Es bedarf einer Menge geistiger Umwege, bevor zwei Menschen zur Sache kommen, wenn ihnen nicht nach einer Larifari-Liebschaft ist.

Damit hat sie sich auf das nächste entscheidende Spiel eingelassen.

Wie wird es jetzt weitergehen?

Das hängt davon ab, ob sie will.

Will sie nicht, dann geht gar nichts.

Will sie, dann ist das Ganze nur eine Frage der Zeit. Und zwar ausreichend Zeit, die man sich für die Liebe nehmen muß.

Immer vorausgesetzt natürlich, keiner wird falsch nervös und zerstört alles durch Ungeduld oder Ungeschicklichkeit. Und da seien beide gewarnt vor dem falschen Fingerspitzengefühl. Da helfen alle seine Verführungskünste nicht.

Nicht der Trick, ihr die schönsten Liebesgeschichten ins linke Ohr zu flüstern, in der Hoffnung, damit die geheimnisvolle Welt ihrer rechten Gehirnhälfte auf den Märchentrip zu schicken. Nicht der Trick, ihr ins linke Auge zu schauen, um sie oben rechts zu motivieren.

Auf jeden Fall hat sie in ihrem Gehirn immer einen Fluchtweg offen. Da kann sie schnell über die Brücke ihres Großhirnbalkens von der rechten, verführbaren in die spaßverderberische linke Gehirnhemisphäre huschen, die rechtzeitig »stopp« sagt und sich auch nicht durch Aufrufe wie »Sei doch vernünftig!« irritieren läßt.

Denn überlisten läßt sie sich ganz sicher nicht.

Da hat er keine Chance.

Oder: Da wird er kein Leiberl reißen, wie es im Wiener Dialekt in offenbar zweckgebundener Diktion heißt.

Denn wenn sie nicht will, dann will sie nicht.

Basta.

Sich in einer solchen Situation etwas anderes vorzustellen, wäre schlechte Pornographie.

Und jeder Mann, der damit prahlt, es doch geschafft zu haben, der hat wahrscheinlich die Situation verkannt. Denn dann war er – ohne daß er's gemerkt hat – selber der Verführte.

Also: Er will und sie will – sie wollen, sie tun.

Sie haben sich jetzt nur eine wahnsinnige Aufgabe aufgehalst – sich das Glück zu bewahren.

Das wird eine schwere Aufgabe. Für beide.

Aber zwei Tips gibt's, das zu erreichen.

Ein Ausspruch von Mahatma Gandhi: Der Weg der Wahrheit und der Liebe hat immer gesiegt.

Und der Rat, sich anzustrengen. Denn es zahlt sich aus, die Liebe zu bewahren.

Bei Mario und Gwendolyn hält sie bereits siebzehn Jahre. Die beide haben sich am 17. August 1972 um 16.25 Uhr auf der Buslinie 35A in der Wiener Sieveringer Straße kennengelernt.

Sie sind beide nicht aus dieser Stadt. Es hat sie hierher verschlagen. Bestimmt nicht aus purem Zufall, wie sie heute beide meinen.

Gwendolyn ist aus Houston/Texas und zu diesem Zeitpunkt seit sechs Wochen in Wien und arbeitet bei der Atomenergiekommission. Eigentlich wollte sie an jenem Freitag nach Zürich fliegen, um eine Freundin aus den Staaten zu treffen, die dort das Wochenende Zwischenstation machte, um dann nach Japan weiterzufliegen. Aber Gwendolyn bekam keinen Flug mehr, alles war ausgebucht.

Sie mußte bis zum Samstagmorgen warten.

Und Mario ist zwei Tage vorher aus Florenz nach Wien gekommen, um aus einer Laune heraus seine Schwester zu besuchen, mit der er eigentlich erst zu ihrem Geburtstag im November verabredet war.

Gwen heute: »An diesem 18. August wollte ich irgendwohin, raus aus der heißen Stadt, und bin in diesen Bus gestiegen. Ich weiß noch, einer ist mir vor der Nase davongefahren. Hätte ich den noch erwischt, wäre ich Mario nie begegnet. Ich bin fest davon überzeugt, daß das für uns beide Bestimmung war.«

Eine Minute hätte gereicht, und sie hätten einander verfehlt.

Gwen hätte nur etwas früher oder etwas später ihr Büro verlassen müssen.

Oder Marios Traumauto wäre in die andere Richtung gefahren. Dann hätte er den Bus gar nicht beachtet.

Die Frau ist die Stütze des Staates, aber sie ist ihm keinen Pfifferling wert

Es gibt Probleme, da kann ein Mann seiner Partnerin leider überhaupt nicht helfen. Dort nämlich, wo ihr Selbstwertgefühl getroffen ist, weil sie sich hoffnungslos ungerecht behandelt fühlt.

Damit wird jede Frau früher oder später in ihrem Leben konfrontiert, die ihre berufliche Selbständigkeit aufgibt, um ihre ganze Kraft einer Ehe und einer Familie zu widmen. Sie kriegt Kinder, zieht sie auf und erlebt plötzlich eine Form von Frustriertheit, die sie vorher nie kennengelernt hat.

Es ist nur eine Frage der Zeit, bis sie dahinterkommt: Sie

wird offiziell ausgenutzt und mißachtet. Und subjektiv bekommt sie im Laufe der Jahre das Gefühl, daß sie nichts wert ist. Es vergeht kein Monat, daß nicht in irgendwelchen Gazetten nachzulesen steht, wie hoch der ideelle Gehaltsanspruch einer Hausfrau und Mutter anzusiedeln ist – er schwankt zwischen 3 000 und 4 000 Mark. Darüber können Frauen und Mütter nur schallend lachen.

Für jedes Staatsgefüge dieser Welt ist die Frau ein nicht wegzudenkender Baustein, die Familie ist ein Ministaat im Staat, die Keimzelle der Gesellschaft, und die Frau ist ihr treuer Verwalter. Das gefällt Vater Staat ganz gut, denn die Frau hält die Familie zusammen, sorgt für Ordnung und dafür, daß die Kinder brav im Rahmen der Gesetze aufwachsen. Dieses Regulativ in den Millionen von Ministaaten braucht er, das garantiert ihm die innere Sicherheit.

Ihre Wählerstimme nehmen die, die den nächsten Staat bilden, auch von Herzen gern. Bei jeder Wahl appellieren sie an sie, die Frauen – aber sonst sind sie auch ihnen keinen Pfifferling wert.

Ihren Mann nimmt der Staat ein ganzes Leben lang aus wie eine Weihnachtsgans. Der weiß überhaupt nicht, wie er dazu kommt, mit einem großen Teil seines sauer verdienten Geldes ein defizitäres, miserabel geführtes Unternehmen zu finanzieren, das sein Geld zum Fenster hinauswirft. Wehren kann er sich dagegen nicht – versucht er's, muß er damit rechnen, wie ein Verbrecher behandelt zu werden.

Aber seine Frau läßt der Staat in der Luft hängen. Nur als Witwe läßt er sie noch gelten – eingeschränkt, versteht sich. Nicht einmal dann ist sie ihm 100 Prozent wert.

Eine Erhebung der »Arbeiterwohlfahrt« Ende der siebziger Jahre ergab, daß Hausfrauen und Mütter in der Bundesrepublik Deutschland fast 50 Milliarden Arbeitsstunden im Jahr leisten. Die Leistung der übrigen Arbeitnehmer wird mit 52 Milliarden angegeben.

Der Hamburger Jurist, Wirtschafts- und Sozialwissenschaftler JÜRGEN SCHACHT kritisierte immer wieder, daß das Bruttosozialprodukt ständig als »Wohlstandsbarometer«

angesehen wird. Bei allen wirtschaftlichen Prognosen sollte aber berücksichtigt werden, daß die wirkliche Leistungsfähigkeit eines Volkes auch die Arbeiten in den Haushalten umfaßt.

Untersuchungen in den USA haben ergeben, daß dort das Bruttosozialprodukt um 60 Prozent höher läge, würde man die Hausfrauenarbeit mit einbeziehen.

Die »Deutsche Gesellschaft für Hauswirtschaft« hat die Hausfrauenarbeit in einzelne Tätigkeiten aufgegliedert. Das sind vor allem Einkaufen, Kochen, Geschirrspülen, Aufräumen, Putzen, Nähen, Wäsche und Kleidung instandhalten, Kinder betreuen, Hausaufgaben überwachen, Kranke pflegen, den Haushalt organisieren.

Dafür sind jeweils genaue Zeiten in den Haushalten verschiedener Größe ermittelt worden:

Bei zwei Personen beträgt die Arbeitszeit der Hausfrau pro Tag sechs Stunden, fünf Minuten. Bei drei Personen neun Stunden, vier Minuten. Bei vier Personen zehn Stunden 15 Minuten. Bei fünf Personen zehn Stunden, 21 Minuten. Und bei sechs Personen sogar zwölf Stunden, drei Minuten.

Bei sieben vollen Wochentagen, versteht sich.

Nurhausfrau, Mutter, zwei Kinder – ein Traumjob: 71-Stunden-Woche, Einkommen Null Komma nichts

Von den 26 Millionen Frauen in der Bundesrepublik Deutschland, die älter als 15 Jahre sind, gelten 4,2 Millionen als Vollhausfrauen.

Astrid – verheiratet, zwei Kinder – ist eine von ihnen. Sie darf gar nicht darüber nachdenken, sagt sie, sonst wird sie ohnmächtig vor Wut.

»Wenn ich einmal etwas für mich ausgeben will, wenn ich neue Strümpfe brauche oder einen Lippenstift oder was weiß ich – woher nehme ich denn dann das Geld? Ich habe ja kein eigenes, ich muß es entweder den Kindern abknappen oder meinem Mann aus der Tasche ziehen. Ich sage Ihnen eines: Wenn heute eine akzeptable Partei vor den Wahlen glaubhaft versprechen könnte: Alle Hausfrauen kriegen bei uns ein staatliches Taschengeld von zwei-, dreihundert Mark, und das Ganze wäre auch noch finanzierbar, dann gute Nacht mit den anderen. Fünfzig Prozent der Wähler – nämlich uns Frauen – hätten die dann glatt auf ihrer Seite. Man hat doch als Hausfrau finanziell ein permanent schlechtes Gewissen. Ich sage Ihnen, eine Hausfrauenpartei muß her!«

Genau das scheint sich in Italien anzubahnen. In Mailand hat die Hausfrau ALESSANDRA CARADONNA einen Verband italienischer Hausfrauen gegründet, dem inzwischen 500 000 Mitglieder angehören. Ihr Hauptziel ist es, die staatliche Anerkennung der unbezahlten Hausfrauentätigkeit zu erreichen. Der Verband hat im Februar 1989 eine Kampagne in Gang gesetzt, um die gesetzliche Definition der Hausfrau als einer »nichtproduktiven Person, die von anderen abhängig ist« abzuschaffen.

Und gleichzeitig drohten die Damen des Hausfrauenverbandes, dem sich immer mehr Frauen aus allen Regionen Italiens anschließen, den Politikern: Sie werden eine eigene Partei gründen und bei den nächsten Parlamentswahlen 1992 in ganz Italien kandidieren.

Die Wahlkampfkampagne steht auch schon fest: Die Forderung nach der finanziellen Anerkennung der Hausfrau. Der Staat soll den Hausfrauen bis zur Klärung endgültiger Ansprüche für ihre Tätigkeit im Haushalt vorerst einmal 300 000 Lire (425 Mark) pro Monat zahlen.

Ja, sagt Astrid, die werden dann auch gewählt, daran besteht überhaupt kein Zweifel. Auch in Deutschland gehörten Frauen in die Politik, die sich aktiv für Frauen einsetzen.

Aber, Astrid! Es gibt doch schon genug Frauen in der Politik. In der Bundesrepublik gibt es für Frauenfragen sogar ein eigenes Ministerium.

Astrid lacht gehässig. »Die Politikerinnen sehen ihr Hauptproblem doch darin, sich in dieser eingefahrenen Politiker-Männerwelt erst einmal selbst zu etablieren. Schauen Sie sich doch einmal im Fernsehen die Damen an, wie sie sich in ihrer Tüchtigkeit aufplustern. Nennen Sie mir doch namentlich eine Politikerin, die sich für den Berufsstand Hausfrau und für dessen finanzielle Sorgen stark gemacht hätte.«

Nein, Astrid, da müssen wir passen.

Aber die Politiker sehen durchaus, daß sie sich zu dem Problem »Frau« etwas einfallen lassen müssen. In der Familienpolitik bemühen sich zwar alle politischen Parteien intensiv um berufstätige Frauen, die »Nurhausfrau« und Mutter hingegen bleibt auf der Strecke. Sie scheint aus dem politischen und gesellschaftlichen Blickpunkt verschwunden zu sein.

»Da Gleichberechtigung immer noch mit finanzieller Unabhängigkeit verwechselt wird«, sagt die niedersächsische CDU-Politikerin BIRGIT BREUEL, selbst Mutter von drei Söhnen, »will eine Frau heute neben Haushalt und Kindern auch berufstätig sein. Eine schlimme Entwicklung. Berufstätigkeit wird zu Unrecht Synonym für Gleichberechtigung und Selbstverwirklichung.«

Breuel weiter: »Im Grunde genommen sind die Rollenbilder für Mann und Frau in unserer Gesellschaft auch heute wieder festgelegt: der Mann als Hauptverdiener, die Frau als die Verantwortliche für die Kinder, aber mit der modernen Variante, daß sie als emanzipierte Frau mitzuarbeiten hat und notfalls die Kinder anderweitig unterbringt. Gleichberechtigung der Frau dadurch, daß sie die historische Rolle des Mannes für sich einfach – zusätzlich – übernimmt.«

Auch sie hält es für dringend erforderlich, daß die Tätigkeit der Hausfrau gebührend gewürdigt wird.

Und Astrids Forderung nach einer finanziellen Anerkennung? Auch dafür hat Birgit Breuel, zur Zeit dieser Aussagen Finanzministerin von Niedersachsen, ein Denkmodell. Sie könnte sich vorstellen, »daß wir das Kindergeld an den Elternteil zahlen, der die Kinder überwiegend betreut und erzieht – auf sein ganz persönliches Konto«.

Da kann Astrid nur schallend lachen.

Hausfrau und Mutter – das ist auch so etwas, wie Spiro (siehe Seite 58) es beim fehlgeschlagenen Emanzipationsversuch im israelischen Kibbuz Kiryat Yedidim nannte: das Problem der Frau.

Hinzuzufügen ist: das *eigentliche* Problem der Frau.

Mann und Frau gehören zusammen, aber beileibe nicht unter einem Hut

Androgyn – männlichweiblich – derdiedas Mannweib: Das ist das neueste Schlagwort im kalten Krieg zwischen den Geschlechtern.

Als wäre es wirklich damit getan: Jeder schnappt sich eine weiße Fahne und steigt vorsichtig aus seinem Graben heraus auf das ehemalige Schlachtfeld. Die Unterschiede zwischen Mann und Frau sind unüberwindlich, also tun wir so, als wären wir alle gleich. Wir kapitulieren.

Das soll die Bereitschaft signalisieren, einander mit mehr Entgegenkommen zu begegnen. Androgyn ist in, schreit man an der Geschlechterfront, tätärätä!

JOHANN NESTROY wird da immer gern zitiert mit seinem: »Jetzt waaß i nimmer: Bin i a Manderl oder a Weiberl?« als Ausdruck äußersten Verwirrtseins.

Ja, sollen wir denn beides gleichzeitig sein? Da drängen sich Fragen auf. Erstens: Wie geht das? Zweitens: Was sollen wir denn dann noch miteinander?

Sicher, für einige hat das ungeahnte praktische Vorteile. Sie ersparen sich die nächtelangen Züge durch die Gemeinde. Denn die Chance, einen schnellen Partner zu finden, erhöht sich gleich sprunghaft um ein paar hundert Prozent – es sind ja immer mehr Männer nachts unterwegs als Frauen. Ein schneller Blick durch die Kneipe, und schon schnackelt's bei irgendeine(r)m. Man braucht auf Sportplätzen keine getrennten Duschen mehr, keine sonstigen sanitären Einrichtungen, keine gemischten Schulen – alles ist automatisch gemischt.

Nein, so sei das nicht vorgesehen, sagen die Befürworter dieser Gleichmacherei. Die unglücklichen Hermaphroditen seien nicht damit gemeint, die Zwitterwesen, die sowohl männliche als auch weibliche Geschlechtsorgane haben, nein, nein. Auch nicht die innerlich zerrissenen Transsexuellen, deren Körper dem einen, deren Seele aber dem anderen Geschlecht angehört.

Wer das meint, der hätte das Ganze nicht verstanden.

Robert Bly, der geistige Vater der neuen amerikanischen Männerbewegung, veranstaltet seit den frühen achtziger Jahren regelmäßig Seminare für Männer aller Altersgruppen. Tief in den Wäldern versammelt er sie in der wilden Abgeschiedenheit einer primitiven Blockhütte, wo bis zu fünfzig Mann in einem Raum in Schlafsäcken auf dem harten Boden übernachten und in Gesängen in der Art von gregorianischen Chorälen ihrer Meditation nachgehen: Was ist ein Mann? Bly sagt das seinen Seminarteilnehmern jedesmal: eine gespaltene Persönlichkeit. Jeder Mann (und jede Frau) trägt die Doppelbesetzung Mann-Frau in sich. Aber das merkt er nur intuitiv, denn diese zweite, andersgeschlechtliche Persönlichkeit hat er verdrängt. Nur manchmal äußert sie sich durch ungute Gefühle, wie schlechtes Gewissen. Seine provokativen Beispiele: Erzählt ein Mann in der Bar schmutzige Witze über Frauen, dann beleidigt er die Frau in sich. Und wenn er dabei an die falschen Zuhörer gerät, dann versinkt er tief im Fettnäpfchen, und die peinliche Stille, die jetzt statt des schallenden Gelächters eintritt, ist für ihn die innere Stimme, die ihn zurechtweist, und gleichzeitig eine Art Strafe.

Genauso sei es bei den Frauen. Wird eine Frau Männern gegenüber aggressiv, dann verletzt sie auch den Mann in sich. Und einer der Attackierten unter den Beschimpften tut ihr plötzlich leid.

Die Anlagen seien also vorhanden. Es käme nur auf die geistige Bereitschaft an, einmal so, nämlich weiblich, und einmal so, nämlich männlich, zu fühlen. Und den Mut zu haben, das auch zu zeigen.

Wie? Da ist der Androgyn-Lobby noch nicht viel eingefallen. Denn ihre Vorschläge klingen dürftig und wenig zielführend.

Wenn es nur auf die Erscheinungsform ankommt, die Show & Glimmerwelt zu imitieren, dann gute Nacht für diese Idee. Dann genügt es, Transvestit zu sein. Jede Frau ein schwarzer Panther, wie die schwarze 007-Staffage GRACE JONES. Oder jeder Mann ein Sangesbruder, wie DAVID BOWIE, MICHAEL JACKSON oder BOY GEORGE? Oder jede Frau mit einem breitschultrigen, aufgepolsterten Jackett von GIORGIO ARMANI. Und jeder Mann im Wickelrock des Pariser Couturiers PAUL GAULTIER?

Ist es das? War es das?

Sind wir denn alle aus einem silbernen Ei geschlüpft?

In der griechischen Mythologie dient als göttliches Beispiel: Eros. Die androgyne Gottheit, die aus dem silbernen Ei des Mondes schlüpfte und das Universum in Gang setzte. Vor seiner Existenz war nichts als das Chaos.

Stellen Sie sich doch einmal vor, wenn wir alle so wären. Und stellen Sie sich das alles doch einmal in einer ruhigen Minute auf der Straße vor. Was wäre das erst für ein Chaos. Dann deklarieren sich alle wieder so individuell, daß sie als individuelle Masse auf zehn Kilometer zu erkennen sind.

Als ob man diese Philosophie wirklich gebraucht hätte. Die stammt doch wieder nur von den Verklemmten. Hey, (wo)man, be cool, lassen wir doch alles beim alten – bei den ganz gewöhnlichen Beziehungen zwischen Männern und Frauen.

Beziehungen, in denen jeder das sein darf, was er sein kann und sein will.

Nur: Bemühen muß er sich, sein Bestes zu geben und auf den anderen einzugehen. Sich beherrschen, und darauf bedacht sein, daß er nicht seinem ganz gewöhnlichen Wahnsinn anheimfällt. Denn das ist die größte Gefahr.

Spinnen, ja, das kann und soll jeder. Daraus entstehen die Träume und die Schäume, auf denen wir im Leben zu zweit dahinsurfen.

Aber die Grenzen, die sollte jeder wirklich kennen. Sie nicht auch? Und die Entschuldigungen, die man sich immer für sein trottelhaftes Verhalten sucht, die sollte man sich gründlich überlegen.

Ein Tip zur Selbsterziehung:

Schreiben Sie doch einmal so ein im nachhinein (noch immer) subjektiv als berechtigt empfundenes Verhalten auf einem Zettel auf: »Ich habe Dich – das sollten Sie immer groß schreiben, das sind Sie dem anderen schuldig – gestern beleidigt, weil mir in unserer Auseinandersetzung kein Argument mehr eingefallen ist. Ich wollte aus diesem Streit siegreich hervorgehen, weil ich der Meinung bin, nur der gewinnt bei einem solchen Streit, der den anderen demütigt und psychisch derart zu Boden zwingt, daß er aus dem Streit aussteigt.«

Wenn Sie das lesen – und das entsprach gestern ja Ihren taktischen Überlegungen – und Sie genieren sich dafür, dann sind Sie einen gewaltigen Schritt weiter. Denn diese Blöße werden Sie sich nicht mehr geben. Es gibt Fehler, die man wirklich nur einmal begehen sollte.

Wenn Ihnen dieses Zugeständnis aber nicht peinlich ist, dann sollten Sie vielleicht Freistilringer werden, wenn es dazu bei Ihnen reicht. Für einen Intriganten bringen Sie allerdings auch gute Voraussetzungen mit.

Nur für eine funktionierende Partnerschaft sind Sie nicht geeignet.

Da können Sie so androgyn angezogen sein, wie Sie wollen.

Ein Beispiel für die Vision, Androgynität – oder wie das jeder für sich so auslegt – sei die Lösung des »Geschlechterproblems«, denn da fühle man sich einfach mehr hingezogen zum eigenen Sein:

Francesca, Boutiquebesitzerin aus Mailand, geht gern in ein früher ausschließlich als Frauencafé bekanntes Lokal, das heute für alle Leute, die »in« sein wollen, »in« ist. Sie wundert sich, daß sie nur »Schwule« als Freunde hat – mit ihrem Hetero-Freund hat sie Probleme, die sie jetzt in einem generalstabsmäßig geplanten Kurzurlaub ausräumen will (so oder so, dazu ist sie fest entschlossen) –, denn mit denen, den Nicht-Heteros, könne sie wirklich reden.

Also in diesem Lokal begab es sich, daß sie mit zwei dieser Freunde bei »etwas Phantastischem mit Knoblauch« zu Tisch saß und der eine von beiden wegen eines noch späteren Rendezvous mit seinem Freund das Knoblauchgericht »gecancelt« hat.

Um auch nicht den Geruch aus dem Lokal mitzubringen, benetzte er sich mit einem Duftwässerchen. Das tat auch Freundin Francesca mit ihrem, und sie freuten sich, daß »sich die Düfte so wunderbar mischten«. Dann schwärmten sie duftmäßig auch noch von einem aparten Rauchtee, den sie einmal gemeinsam getrunken hatten.

Und Francesca schwärmt noch weiter: »Ich liebe solche Gespräche. Sie haben so etwas Geschmäcklerisches. Mit Männern kann frau aber selten darüber reden.«

Wirklich nicht?

Den Film schauen wir uns doch einmal an, in dem das nicht geht. Und dann hören wir uns Francesca an, was sie dazu zu sagen hat.

Und hier ist auch gleich ihre Antwort: »Ja, schon – aber das sind die üblichen Klischees von der Mann-Frau-Beziehung. Er redet ihr nach dem Mund, mit dem einzigen Ziel, sie für seine Zwecke herumzukriegen.«

Ach, Francesca!

Zwölf goldene Regeln für den einsamen Wolf: Wie man sich durchs Leben blufft und dabei doch der einzige bleibt, der einem wirklich auf den Leim geht

Wer jetzt noch nicht zweifelsfrei erkennt, wie einfach und harmonisch das Zusammenleben zwischen den beiden ach so verschiedenen Geschlechtern sein kann, der gehört einem ganz bestimmten Typ an. Er ist ein einsamer Wolf – und wenn er sich nicht ändern will, dann bleibt er es bis ans Ende seiner Tage. Seine Kontakte zur Umwelt werden auf die sieben Geißlein beschränkt bleiben und auf das Rotkäppchen. Und alle acht werden nichts zu tun haben wollen mit ihm, weil sie sich vor ihm fürchten.

Im Umgang miteinander sind die Menschen äußerst ungeschickt. Sie machen nicht nur einen Fehler nach dem anderen, noch schlimmer: Sie begehen andauernd Fehler, die unausweichlich eine Kettenreaktion von weiteren Fehlern auslösen.

Zum Glück ist diese Kette in jedem Glied bei einer entsprechenden Verhaltenskorrektur jederzeit zu unterbrechen. Aber die wenigsten wissen das. Und noch weniger benutzen diese Möglichkeit. Dazu müßte man sich allerdings aufraffen. Dabei ist der Aufwand dafür nicht viel größer als der zu dem Entschluß, ein paar alte Schuhe wegzuwerfen, an denen man seit Jahren hängt.

Der Mensch bringt sich also ständig selbst in die Bredouille. Kein Wunder, daß er bei diesem Streß keine Kapazität mehr frei hat für andere Menschen. Er ist mit sich selbst ausgelastet.

Wer also weiter in dieser Ursuppe dahinkrebsen will, dem sei dringend geraten: Mach nur so weiter!

Es gibt eine Handvoll goldener Grundregeln, die – konsequent durchgezogen – das Miteinander garantiert erschweren. Man muß sich nur exakt an die Fehler halten, die die Menschen ihr ganzes Leben lang Tag für Tag von morgens bis abends begehen. Die Probleme stellen sich dann ganz von allein ein. Diese Liste erhebt keinen Anspruch auf Vollständigkeit und kann es auch gar nicht, denn die menschliche Dummheit ist unendlich in ihren Variationen.

1. Wir Menschen gaukeln einander zuviel vor.
2. Da das Vorgaukeln offenbar doch nicht eindrucksvoll genug ist, versprechen wir einander auch noch eine Menge.
3. Und so erwarten wir voneinander zuviel, weil wir das Versprochene gerne glauben wollen.
4. Aber alles das, was wir einander vorgaukeln und versprochen haben, können wir nicht im mindesten einhalten.
5. So müssen wir einander mit großspurigen Lügen vertrösten, die noch mehr Versprechungen enthalten.
6. Um Vertrauen zu erwecken, fallen wir einander zu oft in die Arme und treten einander dabei zu oft auf die Füße.
7. Und keiner sagt: Du schuldest mir das Vertrauen, das ich dir geschenkt habe.
8. Wir sagen überhaupt nie das, was wir wirklich meinen, und ärgern uns nachher – wenn's zu spät ist – darüber, daß wir das Falsche gesagt haben.
9. Wir können unsere egoistischen Interessen voreinander nicht verbergen und stoßen damit die anderen pausenlos vor den Kopf.
10. Wir haben keine Ausdauer und können nicht warten. Alles muß sofort sein. Und deshalb geben wir uns auch oft mit der halben Sache zufrieden, der zweiten Wahl. Wir Menschen haben leider den Hang zum Gelegenheitskauf.
11. Die meisten von uns verbringen ihr Leben mit dem anstrengenden Bemühen, etwas leisten zu müssen, um beweisen zu können, daß sie etwas geleistet haben.
12. Und wenn uns jemand etwas fragt, was über die Zeitauskunft hinausgeht, dann sagen wir leider nie die Wahrheit.

Woran das liegt, daß der Mensch andauernd diese geradezu selbstmörderischen Fehler begeht?

Ganz einfach: Der Mensch hat nämlich ein ganz paradoxes Kardinalproblem: Er möchte bei allem, was er tut, der Beste sein – glaubt aber, er hat das Zeug nicht dazu – aber in Wirklichkeit ist er ohnehin ganz gut.

Daraus ergibt sich eben diese Reihe von völlig automatischen Fehlverhaltensformen, die ihn immer wieder in Schwierigkeiten bringen.

Sie hängen hauptsächlich mit einem gestörten Selbstwertgefühl zusammen.

Darunter leidet nicht nur er selbst, sondern er beeinträchtigt damit natürlich auch seine Mitmenschen. Der Mensch hat kein gutes Verhältnis zu seiner eigenen Person, und das strahlt er auch mit vollen Scheinwerfern auf die anderen aus. Und ehe ein anderer noch auf die Idee kommen könnte, ihn anzublinzeln, hat er ihn längst geblendet.

Wie soll es dann also zu einem harmonischen Miteinander kommen? Wozu auch – der Mensch ist in seiner unbefriedigenden Theatervorstellung ohnehin lieber allein. Und das soll er auch gefälligst bleiben, wenn er nicht in der Lage ist, sich selbst anzupassen.

Das führt auf die Dauer unausbleiblich zu schweren Minderwertigkeitskomplexen, die er ununterbrochen kaschieren muß. Das ist ihm öfter bewußt, als ihm lieb ist. Obendrein besitzt er noch die Intelligenz, das als unangenehm zu empfinden.

Aber er nimmt alles Ungemach in Kauf, nur um seine Einstellung nicht ändern zu müssen.

Und doch wäre er intelligent genug, sein Fehlverhalten zu verhindern – mehr noch: Er könnte es im Anlauf sogar noch korrigieren. Aber im Gegenteil, er benutzt den letzten Winkel seiner Intelligenz auch noch dazu, immer neue Formen von Verhaltensweisen zu erfinden, die seinen Komplex kaschieren sollen.

Wer diese zehn Punkte zusätzlich befolgt, der ist vor dem anderem Geschlecht in Sicherheit

Um besser zu sein als alle anderen, muß der, der das Zeug dazu nicht hat, gehörig bluffen. Aber der einzige, der ihm wirklich auf dem Leim geht, bleibt er selbst. Der Mensch macht sich in bestimmten Situationen also zu einem ganz anderen, als er wirklich ist. Denn er selbst zu sein, das erscheint ihm ja als viel zuwenig. Die anderen, so meint er in seinem bisher in der psychiatrischen Nomenklatur noch nicht als krankhaft definierten Wahn, sind immer etwas anderes, etwas Besseres, etwas, das er übertreffen zu müssen glaubt. Am Ziel muß er der erste sein, auf der Strecke also der Schnellste.

Es scheint eben wirklich zwei Arten von Menschen zu geben: Die einen sitzen im Irrenhaus, die anderen gehen davor spazieren. Wer drinnen und wer draußen ist, ist nur eine Frage der individuellen Einstellung und wohin man zeigt.

Für alle diejenigen, die die alten Fehler weiter begehen wollen, ein paar Tips:

1. Spielen Sie sich auf, ziehen Sie alle Register, tun Sie ganz laut so, als wären Sie der Größte. In der kurzen Zeit Ihres Auftritts wird schon keiner dahinterkommen, daß Sie eigentlich ein großer Flop sind.
2. Bleiben Sie nie so lange, daß sich jemand für Sie ernsthaft interessieren könnte. Denn dann geraten Sie in Zugzwang. Wer einmal mit dem Theater begonnen hat, muß das Stück auch zu Ende spielen. Das erwartet das Publikum.
3. Vorsicht: Je mehr Sie von einer Person des anderen Geschlechts erwarten, um so mehr sitzen Sie in der Falle der Erwartungen an sich selbst. Mit dieser Reaktion müssen Sie einfach rechnen.
4. Was immer Sie vorhaben: Machen Sie es hier und jetzt. Gehen Sie auf keinen Fall ein zweites Mal wieder hin.
5. Lassen Sie sich auch nie zum Mitkommen überreden. Sie

sind wie eine Füllfeder, die im Geschäft auf dem umsatzfördernden Kunstdruckpapier butterweich schreibt und zu Hause kratzt wie die Zacken eines Schlittschuhs auf Eis.

6. Verlieren Sie nie Ihr Gesicht. Das Gesicht, das Sie einmal aufgesetzt und mit dem Sie einen gewissen Erfolg erzielt haben, müssen Sie ständig behalten. Es empfiehlt sich, sich zwischendurch immer wieder im Spiegel zu kontrollieren. Sie müssen das ernsthaft betreiben und sich dabei vorstellen, daß Sie für die Werbung um Ihre Person in einem permanenten Videoclip posieren. Am besten, Sie prägen sich dazu eine gängige Melodie ein.
7. Sie können den anderen bis in alle Ewigkeit täuschen. Das ist nur eine Frage der Disziplin. Eines muß Ihnen allerdings klar sein: Sollte einmal die Stunde der Wahrheit kommen, dann steht Ihnen nur eine Sofortmaßnahme zur Verfügung: sich ohne einen Kommentar umdrehen und auf der Stelle verschwinden.
8. Der Erfolg ist Ihnen sicher. Der Kasperl bleibt immer der Sieger. Er ist zwar auch nur ein einsamer Wolf wie Sie, aber er ist besser als der grimmigste Räuberhauptmann und besser als das größte Krokodil, das jemals die Bühne betrat. Und applaudiert wird ihm auch immer von dankbaren Zuschauern.
9. Wenn die Wahrheit zu langweilig wird, dann müssen Sie eben lügen.
10. Und damit Sie sich weiter selbst belügen: Malen Sie sich Frühlingsblumen ans Fenster, wenn's draußen stürmt und schneit, dann leben Sie auch zu Hause auf dem Mond. Einem Menschen wie Ihnen muß geholfen werden. Aus rein egoistischen Gründen. Es muß einfach verhindert werden, daß so ein Mensch wie Sie in Versuchung kommt, die Dauergesellschaft anderer Menschen zu suchen zum Zweck eines harmonischen Miteinanders. Sie würden es nur erzwingen wollen, und der andere würde sich mit Händen und Füßen dagegen wehren. Das wäre für beide Teile eine Katastrophe.

Das sind alle die, die sich so wahnsinnig bedeutend vorkommen. Die, bei denen man sich wünscht: nie im Leben so wichtig zu werden, wie die sich wichtig machen.

Aber: Wenn Sie so weitermachen, dann fallen Sie sowieso in die Bedeutungslosigkeit zurück, die Ihnen zukommt. Das ist nur eine Frage der Zeit. Doch diese Zeit sollten Sie gefälligst allein verplempern. Im Tennisclub, im Segelverein, in Ihrer Stammkneipe. Überall dort, wo die großen Sprüche gefragt sind, und wo jeder jeden ausstechen will.

Menschen wie Sie sollten besser unter sich bleiben.

Daß keiner Ihnen zu nahe kommt, dagegen können Sie sich schützen. Sie haben dafür sogar eine hundertprozentige Selbstschutzautomatik. Die brauchen Sie auch nicht zu erlernen oder zu trainieren. Die hat man, und darauf kann man sich verlassen.

Nur irgendwann, wenn der Vollmond über den Hügeln aufsteigt, dann kommt vielleicht auch für Sie die Stunde der Wahrheit. Dann werden Sie sich fragen: Warum schaue ich mir den Mond allein an?

Und dann weint auch ein einsamer Wolf.

Das ist dann zum Heulen.

Wollen Sie nicht lieber doch mit uns kommen?

Geld regiert die Welt? Das stimmt nicht – ohne Liebe und Verständnis geht gar nichts

Was Männer und Frauen wirklich trennt, ist nur eine Seifenblase. Ihre hauchdünne Wand schillert in den buntesten Regenbogenfarben der Phantasie. Und sehr elastisch ist sie obendrein. Man kann sich schon anständig anlehnen, bevor sie platzt.

Mauern braucht man nicht einzureißen.

Denn es gibt sie nicht.

Was Männer und Frauen füreinander brauchen, ist Verständnis und Liebe. Es heißt zwar: Geld regiert die Welt.

Aber das stimmt nicht. Ohne Liebe geht gar nichts. Zwischen Männern und Frauen schon überhaupt nicht.

In einer im April 1989 abgeschlossenen, weltweit bisher größten Untersuchung kristallisierte sich heraus, was Männer und Frauen sich am meisten voneinander wünschen.

Fünf Jahre lang waren 50 Wissenschaftler damit beschäftigt, in 33 Ländern auf allen Kontinenten dieser Erde 10 000 miteinander lebende Männer und Frauen danach zu befragen, welche Qualitäten sie bei ihrem Partner am höchsten einschätzen.

David Buss, Psychologieprofessor an der Universität von Michigan (wieder sind's die Amerikaner!), hat diese Untersuchung koordiniert und faßt zusammen: »Die Antwort war gleich – von den Brasilianern über die Indonesier bis zu den Zulus: liebevolles Verständnis und Vernunft.«

Wenn es zwischen den beiden Geschlechtern nicht klappt, dann sind das nur in den wenigsten Fällen Mißverständnisse, sondern hauptsächlich Regiefehler. Jeder hat seine Rolle, und die soll er auch spielen.

Eines muß uns klar sein: Wir haben da alle ein gewisses Problem, aber wir weigern uns einzusehen, daß wir damit nicht fertig werden.

So richtig glatt wird es nicht gehen. Aber bei gebührender Vorsicht geht jeder unbeschadet aus jeder schwierigen Situation hervor.

Aber alles hat seinen Preis.

Und jede gute Fee, die man bemüht, damit sie einem zu Hilfe kommt, erst recht.

Denkt immer daran: Ihr seid zu zweit.

Das ist eure Stärke.

Solange ihr ebenbürtig seid.

Wenn sich das ändert, werdet Ihr euch auseinanderleben.

Und: Ihr müßt euch aufeinander verlassen.

Wenn man von einer Frau sagt, sie sei ein »guter Kumpel«, dann gilt das ein großes Kompliment. Es ist verbunden mit der Vorstellung höchster Zuverlässigkeit in brenzligen Situationen.

Wie's die alte Phrase so schön drischt: Mit der kann man Pferde stehlen.

Aber die Herren taugen dabei höchstens zum Schmierestehen. Das Pferd besorgen muß sie; und sie wird dabei nicht einmal den kleinen Finger rühren.

Das Pferd kommt zu ihr auf Pfiff – auf einen ganz leisen, versteht sich.

Der Herr braucht sich nur noch hinter der Dame aufs Pferd zu schwingen.

Pferde stehlen sollte *sie.* Das kann sie besser.

Wenn das gemeinsame Glück aber unbedingt an einem Testarossa hängt, dann soll die Dame Schmiere stehen.

Mit dem Auto kann sie nichts anfangen. Sie kommt in der Eile nicht einmal aus der Parklücke.

Autos stehlen sollte *er.* Das kann er besser.

Es ist zwar beides strengstens (!) verboten – aber das ist eben das Indianerprinzip . . .

Es soll im Leben nur der eine Sache tun, der wirklich etwas davon versteht und der sie deshalb am besten tun kann.